国家民委自筹经费项目：
民族事务治理的法治化路径研究（项目编号：2017-GMD-003）

湖南省社会科学基金一般项目：
我国公民道德素质培育的法治环境研究（项目编号：16YBA068）

湖南省教育厅优秀青年项目：
公民道德素质提升的法治化路径研究（项目编号：16B051）

湖南省党的创新理论研究一般项目：
高校党建工作法治化研究（项目编号：16DZXC01）

中南大学博士后基金项目：
公民道德素质提升的法治化研究（项目编号：20160212）

大学生思想方法的现状及培育提升研究

傅建平　刘新庚 / 著

DAXUESHENG SIXIANG FANGFA DE XIANZHUANG JI PEIYU TISHENG YANJIU

中国社会科学出版社

图书在版编目(CIP)数据

大学生思想方法的现状及培育提升研究/傅建平、刘新庚著.—北京：中国社会科学出版社，2017.9
ISBN 978-7-5203-0427-6

Ⅰ.①大… Ⅱ.①傅…②刘… Ⅲ.①高等学校—思想政治教育—研究—中国 Ⅳ.①G641

中国版本图书馆 CIP 数据核字（2017）第 117295 号

出 版 人	赵剑英
选题策划	刘 艳
责任编辑	刘 艳
责任校对	陈 晨
责任印制	戴 宽

出　　版	中国社会科学出版社
社　　址	北京鼓楼西大街甲 158 号
邮　　编	100720
网　　址	http://www.csspw.cn
发 行 部	010-84083685
门 市 部	010-84029450
经　　销	新华书店及其他书店

印刷装订	北京君升印刷有限公司
版　　次	2017 年 9 月第 1 版
印　　次	2017 年 9 月第 1 次印刷

开　　本	880×1230　1/32
印　　张	8.5
插　　页	2
字　　数	201 千字
定　　价	48.00 元

凡购买中国社会科学出版社图书，如有质量问题请与本社营销中心联系调换
电话：010-84083683
版权所有　侵权必究

目 录

第一章 导论 …………………………………………… (1)
　第一节 选题背景和研究意义 ……………………… (1)
　第二节 国内外现状研究综述 ……………………… (19)
　　一 文献资料检索 ………………………………… (20)
　　二 国内研究现状 ………………………………… (24)
　　三 国外研究现状 ………………………………… (28)
　第三节 研究思路与方法 …………………………… (31)
　　一 文献检索研究法 ……………………………… (32)
　　二 调查分析研究法 ……………………………… (33)
　　三 统计数据研究法 ……………………………… (34)
　　四 学科研究法 …………………………………… (34)
　第四节 重点与难点 ………………………………… (34)
　　一 研究的重点 …………………………………… (34)
　　二 研究的难点 …………………………………… (35)

第二章 大学生思想方法概述 ………………………… (37)
　第一节 思想方法 …………………………………… (39)
　　一 思想方法的内涵 ……………………………… (39)
　　二 思想方法的本质 ……………………………… (41)

三　思想方法的程序 …………………………（43）
　第二节　大学生思想方法 ………………………（45）
　　一　大学生思想方法的基本含义 ………………（45）
　　二　大学生思想方法的具体形式 ………………（46）
　第三节　大学生思想方法的综合梳理 ……………（50）
　　一　大学生思想方法的发展历程 ………………（50）
　　二　我国大学生思想方法的代际特征 …………（52）

第三章　大学生思想方法的现状及表现形式 ………（61）
　第一节　现状调查 …………………………………（61）
　　一　抽样调查 ……………………………………（61）
　　二　结果统计 ……………………………………（63）
　　三　数据分析 ……………………………………（76）
　第二节　大学生思想方法的表现形式 ……………（79）
　　一　理论形式 ……………………………………（80）
　　二　实践形式 ……………………………………（82）

第四章　大学生思想方法的形成理路 ………………（85）
　第一节　马克思主义理论学科视角 ………………（85）
　　一　思想品质对客观条件的适应转化过程 ……（87）
　　二　思想心理矛盾与和谐的调整过程 …………（93）
　　三　辩证法则在思想与行为关系中的互动
　　　　过程 …………………………………………（96）
　　四　否定法则在思政过程中的相互转化过程 …（101）
　第二节　其他学科视角 ……………………………（104）
　　一　逆反与认同的判断过程 ……………………（104）
　　二　社会化方式的选择过程 ……………………（110）
　　三　大学生与教育者的互动过程 ………………（114）

第五章　大学生思想方法的主要特征 …………（121）
第一节　内容本质的特点 ……………………（122）
　　一　强烈的时代色彩 ……………………………（122）
　　二　鲜明的个性特征 ……………………………（125）
　　三　独特的求异求新 ……………………………（133）

第二节　活动形式的特点 ……………………（135）
　　一　活动形式多元 ………………………………（135）
　　二　活动形式多样 ………………………………（143）
　　三　活动形式多变 ………………………………（147）

第三节　运行过程的特点 ……………………（152）
　　一　主观与客观的磨合 …………………………（152）
　　二　悖逆与创新的共存 …………………………（156）

第六章　大学生思想方法的培育方略 …………（163）
第一节　努力加强大学生思想方法的正面导向 ……（163）
　　一　坚持以"中国梦"引导大学生思想方法的
　　　　发展方向 ……………………………………（165）
　　二　不断用党情、国情、民情和世情提升其思想
　　　　方法的客观性 ………………………………（168）

第二节　着力增强大学生思想方法的正能量 ………（173）
　　一　加强马克思主义唯物辩证观的统领 ………（174）
　　二　加强中国特色社会主义理论的护航 ………（176）
　　三　加强民族复兴"中国梦"的引导 …………（180）

第三节　准确把握大学生思维发展的客观规律 ……（182）
　　一　把握其思想需求 ……………………………（182）
　　二　把握其静态的思想观念现状 ………………（186）
　　三　把握其动态的思维走向 ……………………（188）

第七章　大学生思想方法的提升途径 …………… （192）
第一节　主渠道：理论与实践并举 ……………… （192）
　　一　课堂系统灌输与讨论互动融合 ………… （193）
　　二　课外社会实践与学术研讨兼施 ………… （197）
第二节　着力点：虚拟与现实结合 ……………… （202）
　　一　网上与网下协调一致 …………………… （203）
　　二　梦想与实际融为一体 …………………… （224）
　　三　隐性与显性辩证统一 …………………… （227）
第三节　环境优化："社会·学术·亲情"统筹 …… （234）
　　一　政府牵头营造"允许失败　激励革新"的
　　　　社会氛围 …………………………………… （235）
　　二　高校精心培育"开放式教育"的学术
　　　　氛围 ………………………………………… （238）
　　三　家校联动形成"关爱·尊重·激励"的
　　　　亲情氛围 …………………………………… （242）

结语 ……………………………………………………… （253）
　一　主要结论 …………………………………………… （253）
　二　主要创新点 ………………………………………… （256）
　三　本书不足之处 ……………………………………… （257）

附录　大学生思想方法调查问卷 ……………………… （258）

参考文献 ………………………………………………… （264）

第一章 导论

在经济新常态、国际新格局的新形势下,大学生的思想方法也呈现出了一系列新的特点,思想政治教育需要适应新形势,采用新策略。因此,研究当代大学生思想方法的特点和思想政治教育的策略,业已成为思想政治教育学科的前沿问题。

第一节 选题背景和研究意义

本选题是在导师指导下的自选课题,研究当前大学生思想方法的特点及其培育提升策略,具有深刻的社会背景和重大意义,本选题为2014年湖南省教育厅重点课题。

本书研究目的就是要引导大学生坚持马克思主义实事求是的思想方法,纠正主观主义和形式主义等错误的思想方法。

选题背景:当前世界各国高等教育迅速发展,大学生思想方法培育工作的环境也发生了巨大的变化,在经济新常态、国际新格局的新形势下,国内大学生既熟知我国高等教育与发达国家的巨大鸿沟,又受到多元文化对价值观、人生观和世界观的影响,这是我国高校的教育与管理所面临的新课题,也是难题。随着我国高等教育的大众化,高校也出现了优秀教育及管理资源紧缺、大学生数量的急剧膨胀、后勤社会化、就业市场竞争白热化等在以往教育体制下从未出现过的新问题,思想政治教育工作如何解决这类新问题,进而提升思想政治教育工作方法和思想方法的服务水平和质量,是我国高校思想政治教育工作者及相关部门必须认真思考的重要课题。

大学生思想方法的培育和提升是思想政治教育工作的重要一环,也是高等教育持续发展的重要保障。我们相信,随着我国高等教育事业的蓬勃发展,以及高校对大学生思想方法的日益重视,大学生思想方法的科学培育和提升必将符合校情和国情的科学发展路径,成为大学生与教育者之间的良性纽带,为我国高等教育事业的长期持续健康发展和广大学生的健康成长成才提供坚实、持久的力量保障。

统一的思想意志才能领导统一的思想行动。一个民族、一个国家和一个社会,只有形成一种大多数人所认同的核心价值观,才能形成一种无形和强大的精神力量,转化成一种强大的凝聚力和战斗力,推动民族、社会和国家走上全面持续、健康和快速发展的道路。因此,世界上各个国家和民族都非常重视对思想领域的统领和建设,特别是在引导和统领大学生加强思想教育方面。

国家的未来是掌握在大学生手中的。大学生是社会发展的中坚和骨干力量,是国家的未来和希望。作为思想政治教育工作的主要对象,大学生是一个承前启后的群体,其群体的道德素养、价值趋向以及思想意识直接关系到社会的未来发展和整体层次。列宁曾明确指出，"真正建立共产主义社会的任务正是要由青年担负"①。著名英国思想家柯林武德曾经说过一句话："'一切历史都是思想史'，思想建设是重中之重。在经济新常态和国际新格局的新形势下，各种社会思潮之间相互激荡，如何形成建设'思想的合力'……也是我们当前最紧迫最繁重的任务。"②"社会主义核心价值体系作为社会行为得以规范、社会秩序得以维持、社会系统得以运转和社会思想得以统一的基本精神依托。"③对社会主义核心价值体系的建设，是我们党在思想文化建设上的重大理论创新与重要战略任务。因此，不断加强创新和改革教育教学方法，培育和提升大学生马克思主义实事求是的思想方法，引领大学生自觉培育和践行社会主义核心价值观，是高等学校广大教职员工神圣的义务和职责。

邓小平同志曾经在多个场合反复强调，"我国搞经济建设，老祖宗不能丢"④。在全国宣传思想工作会上，习近平同志强调指出，必须牢牢巩固马克思主义在意识形态领域的指导地位，牢牢巩固全党全国人民团结奋斗的共同思想基础。

当前高校思想政治教育环境日益国际化，我国教育空间已不再相对封闭，经济、教育、文化等多方面已对世界逐渐开放。当前西方国家借助经济等活动介入我国高等教育市场

---

① 《列宁选集》（第4卷），人民出版社1960年版，第344页。
② 苏恩泽：《思想的合力——社会主义核心价值体系》，2010年12月23日。
③ 李泽泉：《中国特色社会主义道德建设思想》，人民出版社2010年版，第303页。
④ 《邓小平文选》（第3卷），人民出版社1993年版，第369页。

而获得一定乃至高额回报的现象已屡见不鲜,大量优秀大学生纷纷走出国门,在国外学习科学知识的同时,思想也出现了各种变化,使我国高等教育的发展呈现出对峙与整合、冲突与融合的矛盾状态。总之,当前大学生已处于更加复杂开放的国际国内环境之中,为高校思想政治教育工作带来了难得的机遇,也使我们面临不小的挑战。既要借鉴西方发达资本主义国家的有益经验,又要注意把握"对我有利、以我为主、为我所用"的原则,又要不放松警惕,防止西方反动势力的"西化""分化"图谋,以维护社会稳定和国家利益。

这是一个世界多极化、经济全球化、各种思想文化相互激荡、各种矛盾错综复杂的时代①。是经济、科技飞速发展,知识爆炸的时代、信息全球化的时代。因此,大学教育不仅要把大学生教育成有知识的人,而且要把他们塑造成有理性思维的人,更重要的是要把他们培养成有较强实践能力和创新精神的有用之才。

促进人类更好地生存和发展作为思想政治教育最本质的目的,人的自由全面发展是其终极价值追求。在围绕着思想政治教育的核心上,人类生存和发展的重要方式,把它建构在以"人"为对象的基础上活动,它不可能脱离人而独立存在。从某种程度上来说,人文关怀的缺乏,等于是生命的缺失。

大学生是未来社会的领导者和积极建设者,很大程度上他们将决定着未来社会的走向和发展程度。大学生是社会参

---

① 石国亮:《高校思想政治教育创新指引》,中国言实出版社 2007 年版,第 297 页。

与的主体，是国家建设的强大主力军，大学生在求学期间正处于自我发展期，自我需求随着成长而增长，把握大学生思想需求意义重大。因此，思想政治教育工作只有从大学生的需求出发，才能真正地服务好大学生。

恩格斯曾明确指出："马克思的整个世界观不是教义，而是方法。它提供的不是现成的教条，而是进一步研究的出发点和供这种研究使用的方法。"① 高校是当前意识形态工作争夺的"前沿阵地"，要牢牢掌握意识形态的话语权，要按照"守土有责，守土负责"的标准，巩固马克思主义实事求是的思想方法在高校主流意识形态领域的绝对主导地位，旗帜鲜明地公开宣传和研究马克思主义实事求是的思想方法，并同各种各样非马克思主义错误的思想方法进行坚决的斗争，严守主流思想的"主阵地"。所以在具体实践过程中，要有重点、分步骤地加强对思想领域的主导和把控，让西方敌对势力"西化""分化"思想难以在高校有一丝一毫的立足空间，全力打造高校主流思想意识形态安全的"万里长城"。首先，强化校园主导舆论宣传的媒体传播管理工作，努力做到"校内舆情及时知，严把公开传播关"，坚决按照"谁主管—谁主办—谁负责"的直线原则管理方式，不断健全完善审查审批程序及监管的制度原则。具体表现在校内网络论坛、讲座报告会、学术机构及研讨会、社团协会和研究项目等方面，严把审查关，绝不给错误和消极的思想留空间。其次，要坚持尊重师生宗教信仰自由的原则，加强对校园宗教势力渗透的管理，强化校内外传教人员的防范和管理

---

① 《马克思恩格斯选集》（第4卷），人民出版社1995年版，第742页。

机制，进行多层次舆情启动分析，坚决打击和抵御宗教等非政府组织的各种非法渗透，绝不留任何死角给错误思想滋生空间。最后，不断完善和健全校园主流思想工作的制度和建设管理，构建高校主流思想意识形态网络化体系，这样既鼓励师生勇于思想创新，有效发挥和保持高校学术自由，又不给异端学说任何空间。另外，还要坚持"课堂传授有纪律，学术研究无禁区"的原则，狠抓教师师德教育工作，加强对教育者在课堂教学过程的"底线"思想意识防范教育，学术观点与思想言论绝不等同，严守教学底线，弘扬和传播正能量，使教学督导员队伍的建设常态化，把对授课政治方向的把控作为衡量教学考核重要依据和指标。

在全国宣传思想工作会议上，习近平同志指出："经济建设是党的中心工作，意识形态工作是党的一项极端重要的工作。党的十一届三中全会以来，我们党始终牢牢坚持以经济建设为中心，集中精力把经济建设搞上去、把人民生活搞上去。只要国内外大势没有发生根本变化，坚持以经济建设为中心就不能也不应该改变。这是坚持党的基本路线一百年不动摇的根本要求，也是解决当代中国一切问题的根本要求。"①

本书思路是大学生思想方法在经济新常态、国际新格局的新形势下，随着社会政治和经济的不断向前发展，大学生作为特殊的社会知识群体，他们行为习惯的养成和思想观念的塑造更为突出地影响着他们马克思主义实事求是思想方法

---

① 习近平：《胸怀大局 把握大势 着眼大事 努力把宣传思想工作做得更好》，《人民日报》2013 年 8 月 21 日。

的形成。因此，我们必须掌握大学生思想方法的状况、形成理路，并对当前大学生思想方法的培育进行必要的调整和改革，是当前高校思想政治教育工作面临的现实课题。大学生思想方法在高校思想政治教育工作过程中不仅在思维方式上影响着高校的育人效果，同时也对国家整个培养社会主义可靠接班人和合格建设者的导向功能产生重大影响。

加强和改进大学生思想方法是一项实践性很强的系统工程。该工程要求整合社会各方面的资源，动员社会各方面的积极力量，密切配合，使之充分发挥作用、形成培育大学生科学思想方法的整体合力。因此，以大学生思想方法的培育实践为基础，用马克思主义的合力理论为指导，运用现代系统思维方法，从心理学、社会学、管理学、教育学、思想学、伦理学等的视角深入、系统地进行大学生思想方法的合力研究，探讨大学生思想方法合力的结构、内涵、形成规律和机制等问题，无疑是大学生思想方法实践与理论发展的迫切需要。

以爱国主义教育为重点，坚持以理想信念教育为核心。以大学生全面发展为目标，以思想道德建设为基础，着力提高队伍素质，着力创新方式方法，着力优化育人环境，着力健全长效机制。努力提升大学生思想政治教育工作水平，强化培养德智体美全面发展的大学生，让他们努力成为国家的合格建设者和可靠接班人，以实现中华民族伟大复兴的"中国梦"和夺取全面建成小康社会的彻底胜利。

正确的思想是大学生思想方法的指路明灯，不正确的思想有可能对大学生的思想方法造成误导，甚至走向错误的方向！大学生在思维方面已达到了较高的水平，他们从中学一路走来，经过高考的风风雨雨，其思维方式已逐渐从经验型过渡到理论型，思维的独立性、批判性和创造性都在不断得到增强和提升。

意识形态教育是一个古老的话题，自阶级社会产生以来，它就一直服务于统治阶级。大学生是国家的未来，加强社会主义意识形态教育，关键是构建社会主义核心价值体系。在全国的宣传思想工作会议上，习近平同志指出："作为党的一项极端重要的工作，意识形态工作具有鲜明的政治性。"相对一个国家和民族而言，经济的落后只是外在的表象，思维方式的落后才是导致国家和民族落后的根源。思维方式的封闭落后导致批判品质的泯灭和独立个性的逐渐丧失，从而造就大批盲从、乖顺和无主见的人，造成创新能力的严重缺失和自我意识批判主体的严重缺乏。在传统思想文化教育过程中，克服和打破传统思想文化封闭性思维，全力加强大学生的思维创新培育，是我们亟待解决的问题。

作为国家安全战略的重要组成部分，意识形态安全对于发展中国特色社会主义事业、维护国家长治久安有着非常重大的意义。大学生是国家繁荣昌盛和中华民族伟大复兴的主力军，是国家意识形态安全的重要保障力量。大学生思想方法的培育是维护国家意识形态安全的战略需求，是为国家现代化事业培养合格建设者和可靠接班人的客观需要。在经济新常态、国际新格局的新形势下，党情世情国情民情出现的新特点和新变化，产生了对大学生思想意识形态建设的强烈实践诉求，由此也给大学生思想方法的科学培育和提升既带来了机遇，又构成了挑战。高校是思想和精神的家园，大学生作为思想最活跃的社会阶层之一，是社会各种思潮的最早接触者。研究大学生思想方法，掌握其中的形成发展规律，对做好当前大学生思想政治教育工作，朝着中国特色社会主义道路发展具有重大的现实指导意义。

加强新形势下大学生意识形态安全教育，强化思想政治理论课的主渠道教育，充分发挥党团等群体组织优势，精心营造"开放式"校园文化氛围，使主流思想意识形态建设占据主导地位，带领大学生深入开展校内外社会实践系列活动，让大学生的思想主动贴近社会、贴近生活、贴近广大人民群众，使其广接地气。当前高校大学生主流思想意识形态呈现出积极健康、整体稳定、乐观向上的良好势头，他们的世界观、价值观、人生观的主流取向是开拓进取和务实理性。与此同时，由于受到社会生活多样性、大学周围生活环境存在复杂性、高等教育保持开放性等影响，才导致了大学生思想与行为的复杂性和多样性。我们既要充分肯定大学生主流思想积极向上的良好一面，同时又要认真分析、研究他们思维的深层次问题，进而有针对性地做好思想方法的培育工作。

当代大学生的意识形态在经济新常态和国际新格局的新形势下，将承受多元与一元、现代与传统之间的压力和冲突，这是一个崭新的嬗变平台。改革开放以来的社会发展状况，使社会意识层面特征在大学生意识形态中日益凸显。我们不难看出，大学生的意识形态在世界包容性、国家（民族）意识、外在行为等方面，将会再一次经历螺旋上升式的嬗变过程。在这个变化过程中，坚持主流意识形态教育就是主体要做的关键工作，掌控和引导大学生意识形态的嬗变，创新思想教育方式方法。

高等学校作为社会进步动力之源，根据科学的理论系统指导大学生思想方法的革新。所以，当代大学生思想方法的培育和创新是十分必要的，而且也是非常重要的。第一，作为时代的引领者，高校传授和研究的知识和领域都是处于社会发展的最前沿，采取的教育研究方法也是社会最先进的方法，其形成的思想方法将对大学生的学习生活及其今后的未来走向产生深刻影响，所以，大学生科学思想方法的培育时不我待；第二，作为社会优秀人才的摇篮，高校要积极培育社会发展和时代所需的栋梁之材，使大学生具有适应社会和改造社会的巨大潜能。因此，大学生思想方法将影响其社会的进步和以后的人生道路。总之，科学的思想方法有助于大学生正确的世界观、人生观和价值观的形成。所以，培育大学生科学的思想方法是促进人全面发展的客观需要，也是时代的发展需求。

任何工作的开展都需要方法的指导，只是采取的方法不同。不同方法的选择，能影响工作的成败。英国著名哲学家休谟，曾经把黑暗中给人指路的明灯比作正确的方法，认为沿着错误道路前进的善跑的人比不过沿着正确道路前进的跛子。俄国生理学家巴甫洛夫曾说过，"即使没有多大才干的人只要掌握并运用正确的方法，也能干出自己的一番事业来。即使是天赋极高和知识阅历丰富的人，方法不正确，到头来也是白费功夫"。古人云："授人以鱼，不如授人以渔。""工欲善其事，必先利其器。"

思想方法是人们认识和改造世界的最根本方法，也是所有方法中最基础最一般的方法。包括对客观事物的评价方法，人们用来认识和改变客观事物的方法。思想方法的选择不同，对事物的评价和解释就有本质区别，形成对客观形势不一样的判断和分析，因而处理问题的办法和思路差异明显。方法是有层次性区别的。有的方法只在某一学科领域中适用，如人口普查方法只在社会学中适用、光谱测定方法只能在天文学中适用等；也有些方法对诸多学科领域都适用，如实验法、统计法的使用等，它们是对各种具体实践方法和各门具体科学的总结和概括。

毛泽东同志曾说过，人们在认识世界和改造世界过程中所使用主观主义和实事求是的思想方法是根本对立的，切中了思想方法问题实质和总纲的要害。如何解决思想方法的问题，实质上就是主观主义和实事求是的反对与坚持问题。这是我们做好一切工作的出发点，1987年陈云同志在《身负重任和学习哲学》一文中指出："只有不断深入学习马克思主义哲学，帮助领导干部树立正确的思想方法，我们党和国家的建设才能搞得好。"思想方法，是我们认识和改造世界的重要武器，必须加以高度重视。一个国家、一个民族与一个个体和一个政党，只有高度重视自己的思想方法，才能适应社会的客观发展和形势的需求。恩格斯曾说过："一个民族只有理论思维，才能站在科学的最高峰。"恩格斯所讲的理论思维，实质上指的是一种思维模式。毛泽东同志创造性地提出"以农村包围城市，建立农村革命根据地"的军事思想，是中国共产党思维方式上的重大变革，对中国革命和建设产生了巨大的推动作用，改变了中国的发展轨迹。

胡适对思想方法也非常重视，他经常说道："中国有个带两种病症的不良毛病，那就是方法盲和目的热。"并且向青年读者积极推荐自己对此毛病的思想与考证的文章，同时希望读者能通透文章中他所认为的科学方法。实验主义也是一种哲学方法论，它不能与本体论混在一起，胡适在他的博士论文《先秦名学史》的导论中就针对方法论进行了解说："哲学与逻辑方法的关系是一种被制约的关系，哲学受到方法的制约。"由此看来，胡适所运用的思想方法和思想本体具有一致性。实验的方法，归纳实证和怀疑的态度，就是他对思想方法的总结归纳。

明察的现实剖析和深刻的历史反思是鲁迅的总体思想方法，清醒的现实主义态度同反传统的整体性格紧密相连，应对了其相辅相成的思想方法。鲁迅思想方法的特点突出表现为证伪、求真、怀疑，以及比较鉴别。

西方哲学早在启蒙运动时期就开始了对神学本体论的尖锐批判，形成了系统的知识论形态，为寻求知识而进行各种努力抗争，是人类中心论和主体形而上学错觉的哲学彰显。教育并未使人形成对自己正确的评价，知识成了谋生的手段，知识就像产品一样被生产出来并开始奴役人，学习知识并没有被作为人类奥秘和洞悉自然的兴趣爱好，而变成工业时代一种强制性要求和义务。知识科学观教育课程受到功利主义的干扰和破坏，价值理性和个体情感亏空，"工具理性"膨胀。人无法重聚世界和人生的碎片，不再对生命意义有全新的透悟。

思想方法是对事物在质的稳定方面形成的比较稳定的整体认识评价方法和一种相对固定成熟的思维方式。人的思想方法科学性越强，那么越有益于自身的价值实现，能够帮助自身更好地在社会上立身处世，有利于民族和国家的健康发展与全面进步。

从大学生思想政治品质的形成理路和发展规律来看，只有正确的思想方法，才能坚持有正确性的政治导向，才能有效地确立科学的世界观和人生观、价值观，有利于恰当地处理各种利益关系；只有正确的思想方法，才能更好地追求真善美的品质，加强大学生健康完美的人格塑造，为国家繁荣昌盛和中华民族伟大复兴做贡献，把愿望变成现实等。从思想方法对大学生的才智发挥和培养来看，技巧和技能以及知识等诸多因素都对其有一定程度的限制和影响。科学的思想方法使人变得理性、灵活、睿智、聪明；而错误或不科学的思想方法容易使人变得呆板、笨拙以及愚钝。

当代大学生肩负着实现中华民族伟大复兴"中国梦"的历史神圣使命，是国家和民族的希望、未来和动力，是中华民族伟大复兴的合格建设者和可靠接班人。我国大学生的思想主流是健康向上的，但他们的世界观、人生观和价值观正处于重要的形成阶段，可塑空间比较大。然而当前在经济新常态和国际新格局的新形势下，国与国之间的竞争日趋白热化，意识形态之争激烈。我国经济社会快速发展的进程中也确实存在一些问题，这是无法避免的。但这对当代大学生的思想方法的形成和发展，造成了不同程度的负面影响。我们也清醒地看到，"一些大学生不同程度地存在政治信仰迷茫、理想信念模糊、价值取向扭曲、诚信意识淡薄、社会责任感缺乏、艰苦奋斗精神淡化、团结协作观念较差、心理素质欠佳等问题。"[1]

---

[1] 《中共中央关于进一步加强和改进大学生思想政治教育的意见》，《中国教育报》2004年10月15日。

一些大学生的思想方法出现这样或那样的缺陷，也是不可避免的。形成这种现象有着多方面的因素，其中既有现实的原因，也有历史的原因；既有自私心理作祟的问题，也有社会消极因素和非马克思主义哲学思潮的影响；既有发挥主观能动性不够，选择鉴别不力的一面，也有个人限于经历和经验难以避免的一面。我们着重指出上述问题，既不是贬低教育者的主导作用，也不是以此否定大学生蓬勃向上积极进取的朝气和奋发上进、阳光乐观的主流。大学生所处的年龄阶段正是世界观、人生观和价值观形成的关键期，高校作为为社会输送和培养合格人才的基地，其作用既重要又特殊，我们对此要坚持以对祖国负责，对人民负责的态度来做好人才培养工作，竭尽全力地为大学生解决好思想方法的形成问题。

引导大学生深入学习领会社会主义核心价值体系和建设有中国特色的社会主义理论，坚持马克思主义实事求是的思想方法，坚定不移地贯彻执行科学思想的思想路线。教育要解放思想，与实际高度结合，充分认识到确立科学思想方法的重要性和科学意义，用战略的眼光，清醒地看到大学生不科学的思想方法对他人、对社会、对自己造成不可挽回的损失，从而主动让大学生提高适应社会和时代发展的思想认识能力和思维程度。

作为中华民族伟大复兴事业的合格建设者和可靠接班人，大学生是当仁不让的。他们是国家现代化建设的主体，实现中华民族伟大复兴的"中国梦"离不开大学生的积极实践。要培育他们对马克思主义实事求是科学思想方法的认同与实践，让他们主动融入马克思主义大家庭里面来，因为这将直接决定我国社会未来发展的走向和趋势。在大学生中广泛培育和践行我国主流思想价值体系——社会主义核心价值观,帮助他们加快树立以马克思主义实事求是的思想方法为基础的思想意识,增强国家思想意识形态安全观,牢牢巩固大学生主流意识形态与中国特色社会主义的马克思主义理论体系,全面增强社会主义道路的理论自信,提升主流思想文化的软实力;另外,有效抵制大学生思想方法中存在的形态虚假论、思想中立论和主体思想终结论以及思想淡化论等各种错误思想的消极影响,让大学生思想方法进一步趋于理性务实,为我国社会主流思想价值取向安全、发展道路运行保驾护航。大学生思想的健康稳定发展能够帮助我党巩固执政根基,从而实现大学生个体与国家总体发展默契配合,推动共同发展和共产主义事业向前发展,让大学生真正成为"走在时代前面的积极开拓者、无私奉献者、艰苦奋斗者"。

研究意义:当代大学生有着许多优势和特点,他们担负着现代化建设的继往开来,国家和民族发展承前启后的历史使命。其一,生理心理的特殊时期标志着他们正处于世界观、人生观、价值观逐渐形成、确立、定向成型的关键时段,其二,在他们思想方法的形成过程中,自身是处在社会主义市场经济政治体制的双重改革下,改革开放全面进入深水区域,所处的环境比以往任何时期都特殊。在这种形势下,帮助他们从容地应对诸多新情况和新问题,高度认真和有效处理周边发生的各种思想矛盾,端正思想方法方向,有所为也有所不为,把学业和生活等关系处理好,这是非常重要的。诚然,大学生思想方法问题的处理不能一味地拖沓,而且具有急迫性。新时期大学生思想方法的科学培育,要使他们达理、能辨、善断、知情、明向。

一、研究、开发大学生思想方法是优化当代大学生思想政治素质的必然要求。通过研究开发大学生思想方法，帮助大学生提高主动认识事物、分析问题和解决问题的综合能力，思想方法的提升对大学生思想政治素质中的政治认知、政治认同、政治行为和政治觉悟几个要素结构产生良性循环，加强其对社会主义、集体主义和爱国主义思想的自觉认同，从而用更加科学的价值观、人生观和世界观指导大学生认识实践和改造实践，加速自身思想方法的科学培育，向着有利于马克思主义实事求是科学思想方法的方向发展，培养大学生的创业精神、创新能力和实践能力，大学生思想方法的深入研究开发将推动他们思想政治素质进入良性循环，优化和提升大学生的思想方法，全面有效改善大学生的思想方法结构，提升思想政治素质的整体水平，对我国实现"中国梦"具有十分重大的政治实践意义和理论科学指导意义。

二、提升大学生思想方法的素养，是经济新常态、国际新格局的新形势下时代发展的客观需要。思想领域从来都不是一个真空的领域。当前，大学生思想方法面临着较为严峻的挑战。经济新常态下，国家、民族间的经济、文化、政治等各种形式的活动和交流以空前的深度和广度多层次、全方位展开。不同国家和地区的制度体系、生活方式与价值观念的交互影响日益加快，西方意识形态的渗透形式非常隐蔽，使得思想意识形态领域的斗争更具有艰巨性和复杂性。经济新常态、国际新格局将使我国对外开放的程度进一步扩大，伴随着各种社会思潮的涌入和产生，在我国全面建成小康社会的过程中，意识形态领域的斗争更加尖锐和复杂，思想观念、价值取向和政治态度呈现多样化。所有这些，必然导致大学生对共产主义信仰和社会主义信念产生动摇，使我们的意识形态防御能力面临着严峻的挑战。

三、应对西化、分化和资产阶级自由化思潮的需要。当前，国际西方敌对势力"分化""西化"我国的政治图谋仍未停止并呈进一步加剧的趋势，人们思想观念进一步多元，国内多种经济成分并存，特别是随着博客、微博、微信等网络新型媒介的广泛运用和 iPad、iPhone 等先进通信工具的大量普及，对大学生思想和行为产生较大的影响。"普世价值"思潮表面强调的是保障个人平等、民主和自由等，使得大学生模糊"普世价值"与马克思主义的区别并倾向前者。在西方国家长期的影响和发展中，相对于马克思主义思想，由于历史等的原因，在现实生活中存在一定程度上长期处于被僵化和泛化以及教条化的危险境地，特别是面对经济新常态和国际新格局，马克思主义科学思想逐渐被边缘化的危险倾向，造成了对大学生思想方法不利的影响，也产生了较为深刻的变化。一方面是华丽外衣包裹下的"普世价值"思潮；另一方面是对马克思主义的误读，大学生的思想方法如不正确引导和培育就很难做到科学与理性有效统一。"普世价值"宣称是一种适用于全人类的"所谓"理论，这在一定程度上冰解了马克思主义的科学性。而和"普世价值"所吹嘘的相比，马克思主义则要相对低调很多，认为社会主义和共产主义是人类社会发展的两个阶段，其每个阶段的矛盾都具有一定的特殊性。而标榜全人类都适用的"普世价值"恰恰却采取予以回避态度，空喊口号，一味地宣扬"民主、自由、人权、平等"并对其进行抽象化宣传，企图把大学生的思想焦点吸引到各种"形式"的表象上,从而对内在规定的"实质"加以抹灭掉。这使那些没有认真看清本质和只关注形式的大学生对马克思主义坚定信念产生左摇右摆的骑墙派,再加上其外在的粉饰性宣扬所谓的"普世价值",部分大学生误认为马克思主义已经失去公信力和解释力,感觉其形式不如"普世价值"标榜的那么新鲜,甚至以为马克思主义已经过时,已经成为历史的垃圾,从而不知深浅地转向崇拜宣扬所谓全人类共同价值追求的"普世价值",使思想发生了质的变化。在经济新常态、国际新格局的新形势下,西方思想的不断渗透、掣肘大学生思想坚定马克思主义科学思想的信念,盲目崇拜西方自由,改革就向西方学,言必称希腊,缺乏自身的思想导向,就很难取得最终的胜利。

四、研究、开发大学生思想方法也是党和国家人才培养战略的客观需要。高校是思想和精神的家园,大学生作为思想最活跃的社会阶层之一,是社会各种思潮的最早接触者。研究当前大学生思想方法,对我们进一步掌握他们求学期间的形成发展规律,对解决做好当前大学生思想政治教育工作的新问题和新情况,为朝着中国特色社会主义道路发展具有重大的现实指导意义。

我国大学生的思想主流是健康向上的,但他们的世界观、人生观和价值观正处于重要的形成阶段,可塑空间比较大。然而当前,在经济新常态和国际新格局的新形势下,国与国之间的竞争日趋白热化,意识形态之争激烈,在我国经济社会快速发展的进程中也确实存在一些问题,这是很正常的,但这对当代大学生的思想方法的形成和发展产生了不同程度的负面影响。

当代大学生肩负着实现中华民族伟大复兴的"中国梦"的历史神圣使命，是国家的希望和未来之所在，是我们培养的实现"中国梦"的合格建设者和可靠接班人。国家十分重视对大学生的培养，他们是民族的希望和祖国的未来。为大学生成长成才给予了大量的投入，这不是类似九年义务基础教育的投入，也不是一般性的教育投入，而是为了培养社会主义事业急需各类人才和建设者的战略性投入。这种培养和投入的目标，是国家未来和现实的栋梁——中华民族复兴的可靠接班人和合格建设者的积极成分。自觉培育和践行社会主义核心价值观，是每一位教育者的责任，而大学生是我国社会主义现代化建设的重要力量。胡锦涛曾在讲话中指出："如何培养人，培养什么人、怎样培养人是我国民族复兴教育事业发展过程中要认真解决好的根本问题。"作为国家宝贵的人才资源，大学生是祖国的未来和民族的希望。

全面了解影响大学生思想方法形成的主要因素，正确把握大学生的思想脉搏，对于进一步深化高校思想政治教育和思想政治理论课教学改革、增强其教育教学的针对性和实效性，引导大学生形成马克思主义实事求是的科学思想方法，有着重大意义。

第二节　国内外现状研究综述

20世纪90年代以来，许多专家和一批学者围绕大学生思想方法的现状和特征以及思维方式进行了大量的调研与实证调查，其中取得的相关研究成果为本次研究做好了坚实的铺垫和打下了良好的基础。

一 文献资料检索

关于当代大学生思想方法的现状调查以及大学生思维方式研究的相关文献和著作成果的查找，我们可以找到存在于中外文献中期刊论文和专著形式。资料检索统计大致结果如下：从中国国家图书馆文津搜索提供：以"大学生思想方法"为关键词搜索，专著 8 部，但没有一部是写"大学生思想方法"的，而是与大学生思想政治教育方法相关联的；根据中国学术期刊网 CNKI 搜索，以"思想方法"为关键词搜索，有 10451 篇文献，其中 2014 年期刊 31 篇，2013 年 193 篇，2012 年 213 篇，2011 年 227 篇，2010 年 220 篇，学位论文 230 篇，会议论文 159 篇，期刊报刊 782 篇；但以"大学生思想方法"为关键词，则搜索到 0 篇；而以"大学生思想方法"为主题词，则搜索到 985 篇文献，其中，2014 年 33 篇，2013 年 235 篇，2012 年 108 篇，2011 年 147 篇，2010 年 115 篇。

（一）中国国家图书馆的图书系统联机检索结果

作为目前我国国内最权威、最大的藏书机构，中国国家图书馆资料文献确实是比较丰富的。本次检索分别以本书文章名的关键词"思想方法"和"大学生+思想方法"以及"大学生+思想方法+培育提升"为检索词进行了扎实的检索，以"所有字段"为文献资料检索的字段，而且还对"中文及特藏"数据库也进行进一步检索，然而检索到"大学生+思想方法"相关记录和其余相关记录均为零。具体结果如下。

表1-1　　　基于联机检索系统的中国国家图书馆
专著文献精确统计表

专著检索的主题词	（年份）时间	专著部数	代表性著作出版地
思想方法	全部	88	北京：中国社会科学出版社 北京：人民出版社
大学生+思想方法	全部	18	北京：高等教育出版社 北京：北京大学出版社
大学生+思想方法+培育提升	全部	0	

表1-2　　　基于联机检索系统的中国国家图书馆
专著精确统计表

专著检索的主题词	（年份）时间	专著部数	代表性著作出版地
大学生+德育	全部	85	北京：人民出版社 济南：山东出版社
思想方法+德育	全部	3	北京：中国社会科学出版社 武汉：湖北人民出版社
大学生+思想方法+德育	全部	0	

（二）中国知网 CNKI 系列数据库联机检索结果

在中国 CNKI 知识资源总库中，我们分别以本书研究的关键词"大学生+思想方法"为检索词，然后以"思想方法+培育提升"为检索词进行第二次检索，再以"大学生+思想方法+培育提升"为检索词进行第三次检索，按"精确"匹配的原则检索了知网"全部"数据，检索到的相关记录结果如下：

表1-3 基于中国知网CNKI的论文精确统计表

主题词	时间（年份）	文献	篇数	代表性刊物、出处
大学生+思想方法	2010—2015	期刊论文	674	《西南民族大学学报（人文社科版）》《思想理论教育》
		博士学位论文	103	武汉大学、中南大学
		优秀硕士学位论文	64	华中科技大学、东北农业大学
		重要会议论文	8	中国社会科学研究论丛2014卷第3辑 2011年全国思想政治教育学术研讨会
		重要报纸全文	0	
	2004—2009	期刊论文	272	《思想政治教育研究》《学校党建与思想教育》
		博士学位论文	22	华中师范大学、南京师范大学
		优秀硕士学位论文	24	福建师范大学、吉林大学
		重要会议论文	4	全国教育科研"十五"成果论文集（第四卷） 2012年全国思想政治教育学术研讨会
		重要报纸全文	0	
思想方法+培育提升	2004—2015	期刊论文	5	学校党建与思想教育
		博士学位论文	1	东北师范大学
		优秀硕士学位论文	1	南京师范大学
		重要会议论文	0	
		重要报纸全文	0	

表1–4　　　基于CNKI（中国知网）的其他中文文献检索及结果

篇名检索主题词	检索对象	时间	篇数	代表性文件、学校、会议或报刊
大学生思想方法	文献	1978—2015	707	当代大学生思想方法基本特征及成因探析（陈哲力；长春工程学院人文社科部；2008年第5期现代教育科学）；大学生思想方法问题初探（江天健；泸州医学院学报）
大学生思想方法	党和国家的文件	1978—2015	7	《中共中央国务院关于进一步加强和改进大学生思想政治教育的意见》（中发〔2004〕16号）；《关于进一步加强和改进大学生社会实践的意见》（中青联发〔2005〕3号）；《教育部、卫生部、共青团中央：关于进一步加强和改进大学生心理健康教育的意见》（教社政〔2005〕1号）；《教育部、共青团中央：关于加强和改进高等学校校园文化建设的意见》（教社政〔2004〕16号）、《教育部关于加强高等学校辅导员班主任队伍建设的意见》（教社政〔2005〕2号）、《中共中央宣传部、教育部：关于进一步加强和改进高等学校思想政治理论课的意见》（教社政〔2005〕5号）、《中共中央宣传部、教育部关于进一步加强高等学校学生形势与政策教育的通知》（教社政〔2004〕13号）

续表

篇名检索主题词	检索对象	时间	篇数	代表性文件、学校、会议或报刊
大学生思想方法	博士学位论文	1978—2015	16	大学生思想政治教育合力论;王金利;天津师范大学,马克思主义理论与思想政治教育,2007,博士
大学生思想方法	优秀硕士学位论文	1978—2015	37	积极心理学视角下的大学生思想政治教育方法创新研究,蒋翠云;中南大学,思想政治教育,2012,硕士
大学生思想方法	重要报刊文章	1978—2015	20	新时期大学生思想政治教育方式方法的选择,杨慰;光明日报2005-05-17
大学生思想方法	高层学术会议文献	1978—2015	27	大学生思想政治教育有机论——从建设性后现代主义有机教育看,孟根龙,后现代哲学与生态文明国际学术研讨会

二 国内研究现状

目前,对大学生思想方法的研究并不多,大部分都是对大学生思想政治教育方法的研究,而真正对大学生思想方法的研究并不多,陈哲力在《当代大学生思想方法基本特征及成因探析》(现代教育科学〔高教研究〕2008,046)一文中,从高校思想政治理论课教育教学的实际出发,对当代大学生思想方法的基本特征及其成因进行了深入细致的分析,他指出:"要加强对大学生的思想脉搏的准确把握,并对影响大学生思想方法形成的主要因素进行全面深入的了解,对于进一步深化高校思想政治理论课的教育教学改革,增强其教育教学的实效性、引导大学生形成科学的思想方法有着十分重大的意义。"江天健在《大学生思想方法问题初探》(泸州医学院学报1994年第5期)一文中指出:"从人的思想政治品质的形成、发展和才能的培养、发挥等方面来探讨确立正确思想方法的作用,进而指出当代大学生科学正确思想方法对国家、民族和个人进步发展的重大意义。"他还对部分大学生思想方法上的种种问题、原因以及由此造成的影响,从多个方面提出了改进和加强大学生思想政治教育的对策。

近年来虽然学界在大学生思想特点及成长成才规律研究方面做了一些奠基性工作,积累了不少相关研究成果,但仍存在很大的研究空间,表现在如下两方面:

一方面,相关的著述很多,但大都是把研究重点锁定在对大学生思想状况的描述与阐释,即使探讨大学生思想特点,也把改革开放认为是最主要的影响因素,而探讨大学生思想特点的新变化及其原因的成果较少。

20世纪90年代初出版的有关社会思潮与大学生思想教育的著作,如崇钦仪主编的《西方思潮与大学生思想教育研究》(高等教育出版社,1993),赵修渝编著的《当代西方哲学思潮与当代中国大学生》(重庆大学出版社,1998)等,可称得上是该领域的拓荒之作,但因时间原因,未能对90年代中期以来网络时代西方思潮的多管道传播及其所导致的文化霸权作出充分阐释,将当代西方思潮对大学生思想的影响程度的把握未能及时更新，有待做进一步深化研究。近三年来，阐述当代西方社会思潮对大学生思想影响的相关文章近20篇，这些文章对新时期西方社会思潮的特点、对大学生的思想状况以及对二者的影响都做了有益的探索。但是这些文章大都把问题的阐述集中于当代西方社会思潮对大学生思想影响特点的论述。如曹继建、姜华撰写的《新时期社会思潮及其对青年的影响》(《银川市委党校学报》2004年第4期)中把社会思潮作为一种思想潮流，基于其发展的三大走向，指出新时期社会思潮对青年群体的影响呈现随机性与扩张性、层次性与选择性、弱化效应的特点；王新刚、温静撰写的《新世纪社会思潮对青年影响的特点浅析》(《山东省青年管理干部学院学报》2007年第4期)一文认为社会思潮对青年的影响呈现出了影响内容的复杂化、影响途径的多样性、影响方式的非强制性和潜移默化性以及影响效果的显著性和不可测性等新的特点。如何准确、客观地把握当代大学生群体的思想实际情况，对两者的相关特性做出系统的要素理论分析，从而为大学生的思想政治教育工作存在的漏洞和情况提出警示，这些都是有待于分析研究的。

另一方面，现有的研究成果对大学生思想特点规律做了一些开拓性的工作，但偏于理论探讨，缺乏可操作性。据中国期刊网数据显示，近三年来，阐述当代大学生成长成才途径的相关文章近百篇。代表著作有，田建国撰写的《正确把握当代青年学生思想特点与成长规律——从长江大学见义勇为舍己救人大学生英雄群体谈起》(《德育研究》2010年1月)，指出青年学生成长教育规律体现在：当代青年学生是一个青春与朝气并存的健康成长的群体，是一个时代环境孕育和积极塑造的群体；是一个需要关心和引导发展的群体；是一个需要不断强化思想理论培育的群体；是一个需要不断推进自我教育不断上升的群体。陈国祥撰写的《大学生成长成才规律探索：双螺旋理论》(《黑龙江高教研究》2009年第9期)，提出大学生成长成才一般要经过两个阶段、螺旋式上升的过程。这些文章对大学生成长成才的路径做出了有益的探索，是本课题研究得以展开的基础，但大都把问题的阐述集中于理论方面的论述，系统性和可操作性不强。

意识形态安全是作为国家战略发展和战略安全的重要有机组成部分，大学生的意识形态安全关系到中华民族伟大复兴和国家繁荣昌盛，是确保国家意识形态安全的重要力量。加强大学生意识形态安全教育，对于发展中国特色社会主义事业、维护国家长治久安有着非常重大的意义。新形势下加强大学生意识形态安全教育，强化思想政治理论课的教育主渠道，要充分发挥党团等群体组织优势，通过广泛深入开展校内外社会实践，如暑期社会"三下乡"活动，社会公益和社区服务活动，关爱老人和孤儿等，大力营造"开放式"高质量的校园文化氛围，强势和主动占领高校校园网络新媒体阵地。如今，高校大学生思想政治状况总体良好，让人满意，整体呈现出积极健康、良好稳定、乐观向上的发展态势，大学生所形成的世界观和价值观以及人生观向科学性看齐，整体主流取向为开拓进取、理性务实和积极向上。与此同时，由于在大学生成长成才过程中，他们无法脱离社会的影响而成长。社会生活日益多样，大学周边生活环境的综合复杂，高等教育开放性不断提升等综合方面的影响和制约，使大学生思想与行为出现了异常复杂和形式多样等特征。我们既要对其予以肯定,特别是要充分肯定大学生主流思想的积极乐观向上的理性层面,同时又要认真分析、研究他们中存在的思维深层次问题,进而有针对性地做好思想方法的培育工作。

三 国外研究现状

西方国家在第二次世界大战后对社会进行了全方位的调整和改革,思想教育方法从中起到了举足轻重的作用。对国外大学生思想教育的研究,可以增强对思想教育方法的基本规律的认识,对于社会主义和资本主义两种不同制度而言,有些规律却是通用的,虽然全世界的年轻人所生活的地域和国家有着不同的思想意识形态,所持有的价值观和社会观、政治观也各不相同,但他们所处的身心阶段却拥有一些共同的心理及行为特征,如青年大学生在生活上趋向独立,责任感较强,这些大学生的共同心理特征表明,研究西方思想教育的成功经验对于我国大学生思想方法有着一定的借鉴意义。

(一)政府和学校对思想教育高度重视

思想教育在西方国家非常受重视,其工作成效的好坏,直接影响到该国政治、经济、文化和社会生态发展目标实现的衡量标准。思想教育自20世纪80年代以来,在世界范围内非但没有减弱,反而越来越受到重视,表现为社会适应性、不拘一格的形式和途径等多重特征。政府制定统一的目标、政策、教学大纲和课程标准等,普遍注重在思想教育中具有重要的作用和地位。

美国在冷战中因各种社会问题使其发展受到严重影响,

社会进步放缓。美国教育改革委员会于 1983 年提出《国家处于危机中》方案，痛下决心进行大学生教育改革，加强对大学生的思想道德教育；1988 年颁布的《重视优等教育》指出教育的目的是智力加品德；政府于 1993 年颁布的《2000 年目标：美国教育法》，大力推进品德教育活动，实施教育改革计划；1996 年和 1997 年的国情咨文都强调要恢复美国的国际竞争力，学校必须进行品格教育，就必须从培养人才开始，把美国青少年培养成为好公民。美国历届政府首脑都非常重视大学生的教育。"前总统乔治·布什在他的《重视优等教育》一文中明确指出，学校不能仅仅发展学生的智力，智力加品德才是教育的最终目的。克林顿政府认为新政权的核心政策是教育政策，要恢复美国的国际竞争力，必须从培养人才开始，必须把美国大学生培养为好公民。"①

（二）日益丰富的大学生思想教育内容

一、学校思想教育在政府和学校的高度重视下，其经济效益和社会功能明显增强，在西方国家教育内容也日渐丰富。国外大学生思想教育的内容包括：第一，传统思想教育内容获得进一步发展和完善。其中包括爱国主义教育、价值观教育、道德教育、政治教育、民族传统教育、人生观教育、职业道德教育、公民教育、人格教育、法纪教育、心理教育、宗教教育等。第二，重视全球意识和民族意识的统一培养。为形成共同的个人价值标准，加强宽容、诚实、正直、忠厚和守纪律等个体道德品质的培养。第三，日益丰富

---

① 孙新枝：《当代国外德育发展的新特点》，《佳木斯大学学报》（社会科学版）2008 年第 3 期。

的思想教育内容。如人权教育、环境教育、国际和平与理解教育、现代人消费观念教育以及适应未来社会的思想素质与品德教育。

二、在实施大学生思想方法培育中西方国家有一个共同点,那就是以学校为中心,形成辐射状的家庭、学校、社会彼此相互配合的全方位思想教育网络体系。在这个思想教育网络体系中,美国和西欧采取一种比较隐蔽的形式,即大学生思想政治教育的职能事实上由高校内完整的学生工作机构行使着,在日常行为管理的名目下行使这种职能,包括思想政治教育的形式和传输实质性的日常思想政治教育内容。他们健全的工作系统以及专家队伍和科研机构,良好的服务中心和服务设施等都表明其思想政治教育实质是强调各种思想教育管理机制的协调一致性。

当前,很多国家采取了各种各样的形式给大学生思想意识形态予以正面激励,根据大学生思想行为规律的实际特点来开展工作,从大学生内在成长方面充分挖掘和调动他们的主动性、积极性和创造性,这对掌握大学生思想心理特征也非常有利。马克思曾经有先见性地指出:"人们所有奋斗而为之争取的一切,都同他们的切身利益有着千丝万缕的联系",把利益激励与大学生思想政治教育相结合,对大学生的主动性和积极性还有创造性成长是比较有利的。利益激励应当涵盖一切形式的与利益有关的激励,包括政治上的地位和权力、物质上的财富大小和精神上通报表扬等激励。在德国,社会志愿者岗位也是将物质激励和精神激励有效结合,物质财富的激励也表现一定的精神奖励意义,精神上的思想激励通过借助一定的物质财富载体,同时辅以适当的行之有效的政治权力激励来夯实巩固和强化精神激励和物质激励。同时在社会风气的导向、舆论媒介的宣传角度、公共设施的隐性渗透等因素所表现出来与价值目标的一致性，同样也能强化教育者和大学生对这一目标的内在接受和内心深处的认同感。

不管是中国还是广大的西方发达国家，对思想教育都是相当重视的，特别是对大学生的思想政治教育工作而言，因为思想政治教育工作的好坏，直接决定着这个国家政治经济和文化发展目标的实现程度与方式影响。自20世纪80年代以来，世界范围内各国的思想教育工作非但没有被弱化减少，反而形式更加多样，各个国家在这方面投入越来越多，呈现出为维护国家和社会稳定而百家争鸣、百花齐放的形式和途径，最终统一于国家整体的思想教育工作之中。政府在思想政治教育中扮演的角色越来越隐蔽和去痕迹化，但思想政治教育工作的总体目标制定和教学计划大纲等，都无不留有鲜明的政治和阶级烙印。

第三节 研究思路与方法

通过对大学生思想方法的内涵本质的研究，探讨大学生思想方法的发展历史，采用文献研究法等相关方法，研究大学生思想方法的现状及表现形式，分析大学生思想方法的形成理路，找出其主要特点，进而对大学生思想方法加以培育和提升。

研究思路

本书遵循思想方法的形成思路，以大学生思想方法现状及表现形式为研究起点，进而确立研究大学生思想方法的形成理路。具体来说，是遵循"提出问题—分析问题—解决问题"的总体科学理论框架研究思路，我们通过对国内外系列相关研究成果进行系统的归纳和梳理相关文献资料，进一步深入明确本次课题进行调查研究的迫切性与可行性分析，千方百计找出研究的突破口和切入点，努力实现理论与实践的有机契合。通过对当前高校大学生思想方法现状进行大量调查分析和数据统计，聘请有关专家学者进行学术研讨，增加其学术的含金量，认真开展进行学理审视和学术研究，加强大学生的时空对比，管窥大学生思想方法的时代特点，进一步全面探析大学生思想方法的内容本质、活动形式和运行过程的特点。围绕这些新特点来开展思想方法的实质性研究工作，努力开辟大学生思想方法培育的新途径和新形式，全面拓展思想方法培育的新内容和多种形式，增强开发大学生思想方法培育的新载体功能，着重构建大学生思想方法培育和提升的新机制。

研究方法

为进一步做好研究工作，本书主要采用了文献检索研究法、调查分析研究法、统计数据研究法和学科研究法等，尽量采取最全面的方式和手段取得最科学的成果。

一 文献检索研究法

所谓文献检索研究法主要是指采取通过仔细鉴别、分类搜集、系统整理文献等方式，并通过对其进行研究的过程而形成对理性事实科学认识的方法。文献研究法作为研究最通用的方法，受到学术界的广泛采纳。我们通过对中国知网数字期刊、图书著作理论学刊、各类相关科学报告、博士学位论文和优秀硕士学位论文、国家图书档案等等各种佐证材料的密集搜集，形成一系列完整的模式来系统整理和科学鉴别而形成一定创新理论观点。文献期刊、图书资料、各类科研报告、博硕士学位论文、图书档案等各类认识成果使研究立足于扎实的基础和科学的理论依据之上。在整个课题的相关研究中，课题组除了系统查阅中外期刊论文、本学科经典专著以外，得到了同行的大力支持，通过各种努力，还广泛查阅到了大量与学科相关领域的经典专著、网上网下期刊论文，并进行了认真细致的分类和梳理，为进一步的权威认证提供了非常翔实的事实论据，也提供了理论上的客观论据。

二 调查分析研究法

调查分析研究法通过采取对客观实际情况的真实了解，直接掌握第一手材料，并通过对第一手资料的深入细化了解而采取的分析的研究方法。这种研究方法在所有科学研究中比较常见，也比较常用，是我们常用的研究方法。为了便于更加真实客观地了解当前大学生思想方法的现状情况，本课题研究组特别通过精心设计网上和网下两套相关调查方案，组织团队成员进行现场调查访问和座谈走访等形式，发放了8000份调查问卷、召开民主调查座谈会和进行相关民意测验等途径和多种方式对大学生进行广泛而深入的调查，争取全面把握当前所有与大学生思想方法相关的情况，以求获得最真实、最原始的第一手统计数据资料。然后进行广泛搜集整理相关数据，尽快写出系统完整的调查研究报告，为进一步深入研究提供了现实的理论和数据参考依据。

三 统计数据研究法

统计数据研究法是在通过对对象广泛深入的了解之后，采取仔细观察、深入调查、科学实验和测验实验等相关途径，把通过第一手资料得到的大量数据材料进行科学统计而统计分类的研究方法。通过高度精确的计算核实和相对真实原始的数据统计分析进一步做二次数量分析，找出数据之间的内在规律和发展趋势，从而系统掌握当前大学生思想方法的新特点和新形式，为后续研究大学生思想方法的进一步进行提供了新颖的内容。最新的途径和方式，新的实用载体，新的研究机制提供了大量客观而科学的理论与实践依据。

四 学科研究法

依据思想政治教育学科的基本原理，借鉴社会学、教育学、心理学、行为学、管理学等马克思主义和非马克思主义系统学科原理，从而确保本课题研究的科学性和有效性。

第四节 重点与难点

大学生思想方法是动态的发展，活动形式多元、多变、多样，如何正确地把握其动态规律和相对静态的思想观念，是我们研究过程中的重点和难点，同时也比较有创新点。

一 研究的重点
（一）大学生思想方法形成理路的探究

大学生思想方法新特点是整个课题系统研究的基础性问

题。无论是从大学生思想方法培育新内容的积极拓展来看，还是从新途径的提升开辟来看，甚至是从实践新载体的开发和运用以及新机制的系统构建来看，都要从建立在基于对大学生思想方法形成理路上来把握。对大学生思想方法特点的把握要掌握马克思主义实事求是思想方法并加以进行鲜明对比，紧紧契合时代和社会相关发展的有关特点，制定出符合社会发展现状的积极对策。只有这样，才能使对本课题的进一步研究达到预期理论和实际价值，否则就会失去研究意义。

（二）当前大学生思想方法的培育新机制和构建系统

本课题通过大学生思想方法的形成理路和系统研究，找出大学生思想方法的形成规律和特点，同时根据大学生思想方法的调查问题数据统计分析，结合大学生的成长规律体制，分析大学生思想方法的主要特点，从而最终研究致力于构建新时期大学生思想方法培育和提升的新机制。开辟思想方法培育和提升的新途径，拓展新时期赋予的新内容，有针对性地开展新载体的目的研究，为全面构建新时期大学生思想方法的培育工作新机制进行有实质意义的探索与研究。因此，如何采取思想方法培育的"合力"理论来构建大学生内外联动新机制，是此次本书的重点及突破点，也是创新点。

二 研究的难点

（一）现状调查的客观性研究

在进行广泛调查研究过程中，调查对象的选择要有相对集中的代表性，能代表一定的群体，毕竟调查问卷是有限的，再多的调查问卷也不可能对全国所有大学生进行调查分析，所以要选取调查对象有一定的难度，然后再进行点面结合，通过定点调查和随机调查，既要有针对性，又要有代表性，通过两者有效结合而开展研究，是本次调查中的难点。此外精心设计适应大学生思想特点的网上网下调查方案、组织团队成员实施调查以及对所有调查结果进行最终统计也是非常不易的事，但科学只有克服困难才能获得发展，困难在真理面前只能甘拜下风。透过对其形成规律的研究和审视，进一步总结当代大学生思想主流的形成和外在显性特点，预测大学生思想方法今后发展变化的大趋势也存在一定难度和向度，但经过我们不断地总结凝练和进行高度的理论概括也是完全能做好的。

（二）大学生思想方法培育和提升的新策略研究

作为大学生思想方法培育提升的策略研究，是本书研究的导向目标。围绕思想方法新特点的拓展而寻找思想教育新内容和新形式，是根据新特点的开辟而探寻其思想方法培育和提升的有效途径，是紧密结合思想方法的新特点而积极开发思政教育的有效新载体，根据所形成的新特点逐步渐进构建大学生思想方法的新途径和新机制，从学术的角度来看，大学生思想方法的研究还只是起点，远未结束，而且随着时代的发展，人们的思想方法也会出现适当的调整和创新，开创的科学性和难度较高。

第二章 大学生思想方法概述

(一) 当代大学生的含义

当代大学生指的主要是出生于 20 世纪 80 年代中后期至 90 年代初，目前正在大学接受高等教育的青年学生群体。他们是大学生思想政治教育实践活动过程中教育者认识、教育与改造的对象。

(二) 思想的含义

关于思想的内涵，从语义学的角度解释为："客观存在反映在人的意识中经过思维活动而产生的结果。"而在理论界比较有代表性的解释有：一是把思想作为一个名词形态，指统治阶级占统治地位的并表现社会意识形态的特定的理论体系，如毛泽东思想、邓小平理论；二是把思想作为名词和动词的兼类，理解为理性认识的过程及其成果，亦称观念；三是把思想作为一个动词状态，是客观存在反映在人的意识中，经过思维活动而产生的经过；四是指精神成果，即通过大脑对主体社会实践活动中输入的信息自觉进行整合的产物；五是各种精神因素的总和，既包括部分理性认识，又包含感性认识、需要、兴趣、动机、情感和意志等成分；六是某些特定精神的总和,包括怀疑和批判精神、独立思考的精神和创新的精神;七是指客观存在通过社会实践活动反映到人的大脑后,在主观能动性的作用下,经过思维加工而产生的认识。

(三)大学生思想的含义

通过以上对思想的含义的辨析可以看出,大学生思想是指大学生对自身的社会存在及其周围客观世界的关系的主观反映,是为了适应大学生自身生活的需要,通过高校教育实践和社会实践活动反映到大脑后,在主观能动性的作用下,经过思维加工而产生的认识。从这个意义上说,大学生对自身社会存在及其周围客观世界的理性认识和存在于大学生头脑中的能够支配大学生的行为、态度的一切主观观念、意识和精神等都属于大学生思想应包括的内容。

思想方法是教育者在思想政治教育过程中所采取的思维方式和工作方法。大学生思想方法作为大学生在求学过程中,对周围世界认识和改造的方式和手段,是他们的世界观、人生观和价值观形成过程。他们通过认识世界过程的方法运用和改造世界采取过程的手段结合,形成了其认识过程中的一个具体规划、实施线路和方式手段,它对大学生理性思维空间的拓展,包括思维方式的形成和思维操作的有序进行,都起着一定的规范引导作用,从而保障认识活动的正确有序进行。因此,运用思想政治教育的方法策略,系统探讨当代大学生思想方法的现状及其优化提升,对加强和改进大学生的教育和培养有重大的意义。

第一节 思想方法

思想方法是人们在实践过程中形成对事物的比较稳定的认识、评价方法和思维方式的一般方法。思想方法是相对工作方法而言的，从一定程度上来说，思想方法是指在实践和认识活动过程中，人们对其所从事的实践总体活动和客观事物的本质特征认识的方法。

一 思想方法的内涵

从哲学上说，"思想方法"既不单纯指称一种方法，本身也不是一种思想，而在具体方法背后起支撑作用的思维方式或方法原则。从本质起源上我们可以看出，思想方法的形成其实依赖于人们在认识和改造社会的过程中世界观的形成，人在与外部的交流互动中，包括人对客观事物持有的态度和看法，对待客观事物的方式，头脑中就会形成相对稳定的思维方式；思想方法从形成理路来分析，综合表现为人用思想方法来把握对客观变化发展的物质和精神世界的态度和方式。一方面，通过不断地参加认识世界和改造世界的活动，对人自身的思想方式和认识能力以及思想理念等进行反复的审视和判断，从而推动思想方法再提升，最后才是形成我们要研究掌握的主体的人和人本身的思想能力和思维方式；另一方面，以自己的思维方式来从事认识世界和改造世界的活动，从思想方法的整体作用来进一步分析，我们不难发现，思想方法经过产生这个过程后，就呈现出相对稳定的特点，以其特有的思维方式和特点在我们认识和改造事物过程中发挥先天性的导向与导引作用,体现为人们在认识和改造客观存在的事物过程中的思维方式、思想观念和方法论原则。

思想方法是人们认识和改造世界的最根本方法,也是所有方法中最基础最一般的方法。包括对客观事物的评价方法,人们用来认识和改变客观世界的方法。思想方法的选择不同,对事物的评价和解释就有本质区别,形成对客观形势不一样的判断和分析,以致处理问题的办法和思路差异明显,由于思想工作方法的不同而建构不同的实践和理论。方法是有层次性区别的。有的方法只在某一学科领域中适用,如人口普查方法只在社会学中适用、光谱测定方法只能在天文学中适用等;也有些方法对诸多学科领域都适用,如实验法、统计法的使用等,它是对各种具体实践方法和各门具体科学的总结和概括。思想方法是正确地改造客观世界的决定性因素。[①]

思想方法,又称"认识论",是人们认识世界的根本方法。思想方法取决于人的世界观,有什么样的世界观,就会有什么样的思想方法。而思想方法又是和方法论相一致的。有什么样的认识论,就有什么样的方法论,即观点、方法、立场三者是一致的。无产阶级的世界观,认识物质是第一性的,精神是第二性的,精神是物质的反映,改造客观世界时,产生正确的思想方法,方法也就是正确的思想。

思想方法与思维方式的比较。思想方法是人们在实践过

[①] 宋德慈:《中国思想政治教育百科全书》,吉林人民出版社1991年版,第312页。

程中形成对事物的比较稳定的认识、评价方法和思维方式的一般方法，是宏观整体方法论的概念，方法论不等于哲学的认识论，思维方式是思想活动的一种认知方式，属于具体方法的概念。思维方式是指主体思考和解决问题的思路、方法，是一种思维的整体程序与特定的思维活动形式。

二 思想方法的本质

思想方法的本质表现在对其世界观、人生观、思想道德价值观等复杂化与多元化趋势的导向性。一方面，思想方法受制于社会意识形态的主要内涵和价值取向；另一方面，思想方法本身对意识形态也具有内容规定和价值方向等导引功能。

任何工作的开展都需要方法的指导，只是采取的方法可能会不同。不同方法的选择，能左右工作的成败。英国著名哲学家休谟，曾经把黑暗中给人指路的明灯比作正确的方法，认为沿着错误道路前进的善跑的人比不过沿着正确道路前进的跛子。俄国生理学家巴甫洛夫曾说过，即使没有多大才干的人只要掌握并运用正确的方法，也能干出自己的一番事业来。即使是天赋极高和知识阅历丰富的人，方法不正确，到头来也是白费功夫。古人云："授人以鱼，不如授人以渔。""工欲善其事，必先利其器。"

思想方法是人们认识和改造世界的最根本方法，也是所有方法中最基础最一般的方法。包括对客观事物的评价方法，人们用来认识和改变客观事物的方法。思想方法的选择不同，对事物的评价和解释就有本质区别，形成对客观形势不一样的判断和分析，以致处理问题的办法和思路差异明显，由于思想工作方法的不同而建构不同的实践和理论。方法是有层次性区别的。有的方法只在某一学科领域中适用，如人口普查方法只在社会学中适用、光谱测定方法只能在天文学中适用，等等；也有些方法对诸多学科领域都适用，如实验法、统计法的使用，等等，它是对各种具体实践方法和各门具体科学的总结和概括。

毛泽东同志曾说过，人们在认识世界和改造世界过程中所使用主观主义和实事求是的思想方法是根本对立的，切中了思想方法问题实质和总纲的要害。如何解决思想方法的问题，实质上就是主观主义和实事求是的反对与坚持问题。这是我们做好一切工作的出发点，1987年陈云同志在《身负重任和学习哲学》一文中指出："只有不断深入学习马克思主义哲学，帮助领导干部树立正确的思想方法，我们党和国家的建设才能搞得好。"思想方法，是我们认识和改造世界的重要武器，必须加以高度重视，一个国家、一个民族与一个政党和一个个体，只有高度重视自己的思想方法，才能适应社会的客观发展和形势的需求。恩格斯曾说过："一个民族只有理论思维，才能站在科学的最高峰。"恩格斯所讲的理论思维，实质上指的是一种思维模式。毛泽东同志创造性地提出"以农村包围城市，建立农村革命根据地"的军事思想，是中国共产党思维方式上的重大变革，对中国革命和建设产生了巨大的推动作用，改变了中国的发展轨迹。

胡适对思想方法也非常重视，他经常说道："中国有个带两种病症的不良毛病，那就是方法盲和目的热。"并且向青年读者积极推荐自己对此毛病的文章考证思想，同时希望读者能通透文章中他所认为的科学方法。实验主义也是一种哲学方法论，它不能与本体论混在一起，胡适在他的博士论文《先秦名学史》的导论就针对方法论进行了解说："哲学与逻辑方法的关系是一种被制约的关系，哲学受到方法的制约。"由此看来，胡适所运用的思想方法和思想本体具有一致性。实验的方法，归纳实证和怀疑的态度，就是他的思想方法的总结归纳。

明察的现实剖析和深刻的历史反思是鲁迅的总体思想方法，清醒的现实主义态度同反传统的整体性格紧密相连，应对了其相辅相成的思想方法。鲁迅思想方法的特点突出表现为证伪、求真、怀疑以及比较鉴别。

西方哲学早在启蒙运动时期就开始了对神学本体论的尖锐批判，形成了系统的知识论形态，为寻求知识而进行各种努力抗争，是人类中心论和主体形而上学的错觉的哲学彰显。教育并未使人形成对自己正确的评价，知识成了谋生的手段，知识就像产品一样被生产出来并开始奴役人，学习知识并没有被作为人类奥秘和洞悉自然的兴趣爱好，而变成工业时代一种强制性要求和义务。知识科学观教育课程受到功利主义的干扰和破坏，价值理性和个体情感亏空，"工具理性"膨胀。人无法重聚世界和人生的碎片，不再对生命意义有全新的透悟。

三 思想方法的程序

思想方法在思想政治教育活动中有着独特的作用。相对感知思维而言，思想方法的程序遵循其不以人的意志为转移的客观存在，思想方法是有程序的，分为感性思维和理性思维两种。感性思维指的是凭主观感觉和直接经验而形成的方法，但在一定情况下可以帮助人们认识和指导客观世界。但作为感性思维方法只是一种直观具体的和片面的，并没有上升到理性思维的层次，属于思维比较低级的层次。思想方法的发展绝不能在感性思维这个层次上过多停留，必须上升到理性思维的层次，才能实现其所赋予的指导价值。相比感性思维的授人以"鱼"，理性思维方法却是授人以"渔"，社会环境的日趋复杂多变，大学生只有将思想方法的程序由感性上升到理性，进而形成属于自己的科学思想方法，就能坦然应对变化无常的社会环境，以不变应万变。理性思维的观念不是一朝一夕就能形成确定得了的，不断变化发展的社会，使思想方法的变化发展逐渐走向成熟，思想观念本身的变化也不可预测，大学生在求学期间接受学校系统教育的知识内容，毕业走向社会后就可能已不再适应时代的需要。

思想方法的理性思维与感性思维相比，理性思维的深刻性比较明显。"认识的真正任务是要经过感觉最终达到思维"[1]，只有上升为理性思维的认识，才能变成大学生科学的思想方法，（正确的）理性认识从程度上来说，比感性认识更深刻更完整，它是深层次的理性思维，它要求大学生应具备一定的抽象思维水平和能力作为前提，否则理性思维就不能起到应有的作用。

思想方法是由主体在认识和实践过程中总结概括出来的，一方面它是由主体根据对客体的制作产生的，具有产生主观性的特征。另一方面它来源于实践，具有客观性。

---

[1] 《毛泽东选集》（第1卷），人民出版社1964年版，第262页。

第二节 大学生思想方法

大学生思想方法是指其在高校求学期间对周围客观事物在认识和实践中所运用的方式和手段。它是对大学生世界观、人生观和价值观的形成彰显，通过高校认知和实践教育活动进行引导和培育，在主观能动性的作用下，经过思维加工进而转化成个体自己的思想方法。

一 大学生思想方法的基本含义

大学生思想方法是指其在高校求学期间对周围客观事物在认识和实践中所运用的方式和手段。其思想方法是指大学生在认识和实践过程中所采取的手段和方式，作为认识世界和改造世界的方法和方式它是对大学生世界观、人生观和价值观的形成彰显，通过高校认知和实践教育活动进行引导和培育，在主观能动性的作用下，经过思维加工进而转化成个体自己的思想方法。

没有思想方法，大学生就不能在求学期间恰当地解决好存在的各种问题，我们就不能正确地做事。有了方法，特别是好的科学方法，做起事来就很顺利，能达到最佳效果。经历一段时间之后，原有好的方法，也许会被更好的方法所代替。

但是，受制于学习习惯、所处年龄阶段等因素的影响，大学生对于人生、社会的认识还不够全面，认识能力和思维能力之间很容易出现断层现象，往往认识和思考并不健全，出现认识的片面性，从而导致思维原始材料的贫乏，在此基础上形成的理性思维，往往由于基础的片面而最终导致结论的片面，思维的片面又容易进一步引发思想偏激，大学生思想方法的特点具有动态性。就其思想方法本身的内涵而言，其总是受到社会发展多种因素的作用和影响，并随着社会的发展变化而不断进行自我取舍。大学生思想方法在创新方面，不仅要掌握和驾驭传统的思想方法，还要对原有的思想方法进行创新发展，对传统思想方法的创新与继承实际上是对大学生思想方法的真正驾驭。

强烈地冲击着喜思好动的大学生，在当今社会变革产生的振动波下，他们求解若渴，希望能找出问题背后的满意答案。但他们由于自身的条件和能力，不一定能透过事物的现象而了解到其内部深层次的本质，所以思想方法就容易发生偏差。从思想的深层次看，科学思想方法的培育能够正确地解决大学生思想方法的问题。

文化潮流和思想潮流深刻地影响人们的行为，也同时影响着人们的意识，这种影响具有两重性。一方面，正面的文化潮流与思想潮流会对大学生产生积极正面的导向作用；另一方面，负面的文化潮流和思想潮流会对大学生造成消极负面的影响。因此，在思想潮流和文化潮流激荡的社会，思想方法就能起到更为重要的作用，并能发挥重要的功能。

二 大学生思想方法的具体形式

大学生思想方法的具体形式灵活且多样，有的形式稳定，有的形式变化大，我们根据处在当前大学生思想方法的现状来分析探讨它的具体形式。

实事求是与追求超越。实事求是已经成为马克思主义中国化理论成果精髓，作为我党革命和建设长期坚持的思想路线，是科学的思想方法，必须想方设法让大学生掌握，帮助他们树立正确的世界观、人生观、价值观，千方百计让实事求是进大脑、进课堂、进教材。实事求是并非"高大上"，我们党夺取革命胜利，坚持"枪杆子里面出政权"和"农村包围城市"的战略转移，都是毛泽东同志根据中国的实际情况，坚持实事求是的思想方法而取得的。实事求是在大学生活期间，是大学生学会正确地处理人际关系和学习生活的优秀品质。我国东汉著名史学家班固，在他亲自撰写的《汉书·河间献王刘德传》一书最先使用"实事求是"，文中对刘德严谨的治学态度大加赞扬，"实事求是，修古好学"，指的是一种实实在在的学风。治学严谨的态度、在实践基础上努力推进事物的不断创新、扎实良好的学风也是大学生在求学期间非常需要的一种珍贵而又必要的优秀品质。我们重新审视一下如今的学校校园，大学生缺乏必要的诚信意识，学风浮躁、考试作弊、论文抄袭的现象时有出现。因此，我们坚持马克思主义实事求是的科学思想方法，就像邓小平同志曾经提出的，"说老实话，干老实事，做老实人，就是实事求是"[1]，实事求是不仅需要严谨的教学学风，同时要大力弘扬诚实诚信，大学生一入校就要签订诚信承诺书，夯实做人的基本品质。

追求超越是指大学生瞄准远大理想信念。建立起科学理想信念的思想结构，并对这个理想信念思想结构进行有效支撑，形成一个有机的统一结合体，是大学生理想信念形成的

---

[1] 《邓小平文选》（第2卷），人民出版社1994年版，第432页。

终极目标,从中找到属于自己理想的生活方式。如果大学生的人生理想仍处在一种职业理想、生活理想的层面,而没有实事求是的实际行动去付诸实施,那么即使目标再远大,人生态度消极低沉,其思想方法培育的前景仍不容乐观。

张扬个性与从众趋同。在改革开放全面推进的今天,国内政治文化环境已相对宽松,当今社会倡导的包容性,使个性在这个时代越来越张扬,大学生所处的年龄阶段决定他们更在乎自我心理感受和自我精神上的满足,以及自我情绪的快乐实现。他们对现有的生活方式仍不满意,想方设法摆脱原有思想的桎梏,敢想敢干,没有想不到,只有做不到,对新事物趋之若鹜。

转型期社会价值观念的多元和紊乱并存,使大学生感到茫然而无所适从,从众成为他们迫不得已而采取的一种选择。从心理学角度来讲,处在群体中的个体,当面对某些新的客观事物而手足无措时,就会跟着群体的集体行为而采取行动,称为群体从众效应。在当前全球经济新常态、国际新格局的新形势下,中西文化交流加剧,文化之间的冲突凸显,主流思想体系还未完全占据压倒性优势时,作为正在形成世界观人生观和价值观的大学生,身边也发生了许多新情况和新问题,完全靠父母是不现实的,在这种情况下,大部分大学生就选择了从众,从众变成大学生选择模仿的思想方法标准。

情感驱动与利益制约。当前大学生思想方法的形成是变化的,心理和生理特征所处的年龄阶段决定了其是一个情感丰富的群体,既希望获得成年人应有的地位和尊重,又希望获得其他人群特别是成年人群体的认同。情感教育是大学生思想方法培育的重要部分，它获得广大思想政治教育工作者的高度认同，从而受到他们越来越多的重视。在情感驱动过程中，坚持以人为本的理论，尊重学生的心理需求和需要，有意识、有步骤、有计划地进行情感教育，在不同的场合针对其情感的变化而及时调整方法策略，以达到思想方法培育事半功倍的效果。情感驱动说白了也就是一种"隐性"教育，通过无形的情感手段，引起大学生内心情感的触动，从而更好地实现培育目标。以情动人，以情感人。使在潜移默化中将教育内容真正渗透到大学生的心灵深处，从而产生情感共鸣。

当代大学生受市场经济的影响，其价值观念、理想追求均受到利益制约的影响。市场经济时代，经济利益已经成为社会无形的指挥棒，大学生要想回避经济利益已是不切实际的想法。特别是市场经济初期，有"一个不可避免的浮躁期，人们容易被金钱和物质利益冲昏头脑，很难抵制其经济利益的诱惑"，哲学家思想很容易被打入"冷宫"，被现实中的人们嗤之以鼻，拒之门外，人们被物欲横流的世界所深深吸引。如今功利主义已经向高校校园这座"象牙塔"进行渗透，部分大学生难以抵制金钱和财富的诱惑，纷纷将其视作自己人生价值的标尺，从而使自己的思想方法发生偏差。

受时代条件的影响和局限，不同时代大学生思想方法的具体形式也不同。时代作为永恒的主题。思想方法时代性是思想方法体现时代特征，促进解决时代问题的理论与实践的产生。大学生思想方法从根本上说是为了解决其思想成长的问题，主要包括解决其成长和发展中的思维方式、价值导向和道德模式等。人总是一个特定时代的人，是特定时代的

"一切社会关系的总和",具有鲜明的时代性①。思想政治教育只有不断时代化、把握时代特征,与时俱进,才能更好地解决人的问题,推动人的自由全面发展。

第三节　大学生思想方法的综合梳理

大学生思想方法的发展不是既成的思想道路,也并不是直线的变化发展,更不是单一的,呈反复状态的过程,而是一种螺旋式的上升过程。表现为正确思想方法与错误思想方法矛盾的对立统一的形式。通过对中西方大学生思想方法的发展历程来看,无不是从简单到复杂,从低级到高级,从不完善到科学完善的逐步上升过程。

一　大学生思想方法的发展历程

思想方法作为人类社会历史发展的产物,是随着社会的变化和时代的进步而不断向前发展的,思想方法不断在原有的基础上进行更新,不断丰富和完善。

思想政治教育作为我党进行思想教育的传统优势和重要手段,本身有一个历史发展过程。中国共产党诞生以后,面临的首要问题是马克思列宁主义同中国革命的关系问题,也就是实行马克思主义普遍真理同中国革命实践的结合。毛泽东指出:"中国人民找到了马克思主义列宁主义这个放之四海而皆准的普遍真理,中国的面目就起了变化。"马克思列

---

① 郑永廷:《社会主义意识形态发展研究》,人民出版社2002年版,第197页。

宁主义作为人们观察和处理中国革命问题的武器，作为中国共产党人基本立场、观点和方法，促进了人们思想解放，使人们看到了民族解放和革命胜利的希望，而且逐渐学会运用唯物辩证法认识自身命运，处理思想政治领域的复杂问题。

在对大学生思想方法的培育过程中，我们党和国家汲取传统思想政治教育的优势，对他们实行显性教育方式要多于隐性教育的方法，采取灌输教育的方式对他们进行马克思主义实事求是的系统教育，固然在一定程度上对他们树立正确的世界观、人生观和价值观有非常重要的影响，帮助他们形成科学的思想方法。然而随着社会的发展和时代的进步，大学生对思想方法的接受更趋向于自我为主体的能动模式，硬性的显性灌输已不再让大学生对思想教育产生好感，在这种情况下，我们必须在坚持马克思主义科学思想理论的前提下，主动采取一切尽可能的措施加以应对，对西方思想政治教育过程的措施特别是渗透模式进行借鉴和吸纳，采用显性与隐性相结合的方式来强化大学生思想方法的科学培育和导向。

而西方大学生思想方法在坚持西方主体思想意识形态的前提下，强调大学生的自我教育和主体性特征，以渗透教育为主要手段，使大学生在无形中都能接受到西方主流思想的渗透和思维方式的教育和导向。如一直以来西方宗教神学仪式，千百年来西方宗教仪式仍然活跃在民众的日常生活中，西方统治者巧妙地把主流思想融入宗教仪式中，充分发挥宗教仪式的隐性教育作用，使广大民众和大学生思想都得到无形的净化，强化他们对西方主流思想的认同度，渗透教育成为他们自觉实践和认同的方式。另外，西方统治者还将渗透教育面向全国，把所有能利用的教育影响的物质和精神产品进行融合，如西式建筑、国家博物馆、独立日和所有免费公园都有各种主流思想的传播，全部以这种免费的形式推动民众对本国主流思想的认可度，从而培育和提升大学生树立本国的主流思想方法，并在实践中加以指导和运用。

坚持在改革的过程中赋予传统方法新内容。思想政治教育方法是在继承传统和改革创新的辩证统一中实现的。从发展的角度来看，继承传统是改革创新的基础，是发展的前提条件。而改革创新是发展的关键和动力，是具有建设性意义的东西，是思想政治教育方法能否继续向前发展的关键环节。

二　我国大学生思想方法的代际特征

自恢复高考以来，我国大学生思想方法在变化发展中不断走向成熟和完善，在不同的历史时期所呈现出来的各不相同。

（一）1978—1989年的大学生（"60后"大学生）。恢复高考后进入高校的大学生，出生于60年代，他们的思维方式倾向传统的"极左"思潮的反思。在校园内，他们深刻反思着以整体主义为特征的传统价值观念并表达了强烈的反抗意识。从大学生思想方法发展的历史角度来看，20世纪80年代的大学生，其思想方法牢牢束缚在整体主义的总体框架之中，以社会为本位的价值观念逐渐形成。大学生的思维方式习惯于问题的抽象和宏观思考，个人的成长和发展习惯于从整个宏观社会历史发展的角度来考虑；他们从理想主义的角度来设计确定自己的人生目标，他们对生活的价值目标追求崇高而长远；价值取向结构较为单一，对社会的不良习俗敢于挺身而出，坚决与之斗争；在面对国家与个人关系处理上，选择前者，为国家和社会发展而对个人发展作出让步，体现他们崇高的精神追求和纯洁的思想导向。在人生的职业生涯选择上，服从国家的安排，接受祖国的挑选和组织的决定。因此，尽管"60后"大学生以"反思"和"否定"作为其思想价值观念发展的起跑线，但"60后"大学生所代表的价值观和人生观，却是社会主流的价值观，非常值得肯定，也符合国家战略发展的需要。"维护"和"肯定"已成为他们那个时代思想价值观念发展的基本特征。

（二）1990—1999年的大学生（"70后"大学生）。相对于"60后"大学生来说，"70后"的思想方法出现了明显的变化。出生于70年代，他们的思维也是受到政治和经济双重的影响，不过和"60后"大学生相比，这个变化要大得多。一方面，受"八九"政治风波带来的影响，他们政治的热情明显衰退；另一方面，1992年邓小平同志南巡讲话，标志着社会主义市场经济体制的确立，为中国的改革开放和社会主义发展重新注入了新的活力和动力。但与此同时，社会主义市场经济发展过程中所暴露出来的问题，以及当时人们对市场经济的理解不够深刻，存在不成熟和片面性的想法，在"70后"大学生身上留下了明显的特点，使他们思想方法留下了鲜明的时代痕迹。随着市场经济的逐步深入发展，使大学生把思想方法放回到现实生活里，关注经济的成分明显增多，他们没有放弃理想，但理想里的现实因素越来越多；他们关注国家命运和民族未来，但现实具体的个人发展在他们心中得到凸显；他们关心集体和民族，但同时注入更多个人利益的元素；关注理解问题也抽象，但他们往往让抽象的理论问题可操作化、具体化和世俗化；他们也喜欢讲奉献，但对奉献过程中的个人回报越来越在意。他们的思想方法中渗透了越来越多的功利因子、现实和个人主义的成分，以致人们惊奇地发现，"70后"与"60后"大学生表现出来思维特征的巨大迥异。

在思想方法的活动形式方面，"70后"大学生，对事物关注开始从抽象和宏观转向具体和微观，而且更偏重关注具体和微观的问题；人生目标由崇高理想转为世俗和现实的追求，理想目标表现出短期化、功利化和世俗化的特征，大学生的人生理想普遍以追求个人美好生活为导向；价值取向把个体与社会相结合，思想方法选择上倾向于整合个体与社会，把个人发展与社会需要相结合，自我价值取向既不完全考虑社会贡献，也不完全脱离社会需求，而是在这两者结合起来的基础上谋求个人自我发展，协同个人与社会发展，但建立在个人发展的基础之上；他们的价值评价已经发生了改变，从对事物的严格、绝对看法和主张转向宽容、相对的理念，呈现出多元性和相对性的特征，思维状态更为平和和宽容，思想方法的活动形式也出现了多元多样的特点，内容本质上体现鲜明的个性特征和独特的求异求新，呈现出强烈的时代特征；在个人与国家的利益关系问题上，他们一改以前盲目地服从，而转向理性地参与，国家的发展已经让位于个人的前途和发展，在面对个人与国家的利益问题时更加理性；以个人自我发展作为主要的标准来进行职业选择标准。和社会占主导地位的思想模式相比，"70后"大学生思想方法形成是一个"否定"过程。

（三）2000—2008年的大学生（"80后"大学生）。相对"60后"和"70后"大学生而言，"80后"大学生要引人关注得多。因为他们是伴随着改革开放而成长的一代。从他们的身上我们可以看到改革开放给我们带来的巨大变化和深刻影响。而且他们的出生是在我国实行"计划生育"基本国策后的第一代大学生，他们享受着改革开放带来的红利，"独生子女"也是能引起国人甚至世人对他们的关注，跟以往的大学生相比，其思想方法更是具有以前完全不同的特征。

"80后"的成长环境优越，超过以往任何时代的大学生，没有哪一个时代的大学生能够与其相提并论，这种优越环境是世人皆知的。但对他们的评价却是负面多于正面，如"小公主""小皇帝"之类的称呼，这反映出独生子女在世人面前从未有过的优越感，甚至也有"垮掉的一代"[1] 的说法。然而，根据我们对"80后"大学生思想价值观念的系统调查研究发现，事实并非如此，他们并没有世人和媒体所想象的那么消极负面[2]，但是也没有"80后"自我的评价和描述的那么积极正面[3]。而是呈现出大学生思想方法发展的一些新特点：跟"60后"相比，他们没有那么厚重的理想主义倾向，同时也不像"70后"那么世俗和现实。而恰恰处在理想与现实之间，他们更加理性务实，既不怀"高大

---

[1] 释珖:《"80后"惹谁了》，中国时代经济出版社2007年版，第3页。
[2] 佘双好:《当代大学生现状的质性分析——辅导员眼中的"80后"》，《学校党建与思想教育》2009年，第25页。
[3] 佘双好:《"80后"眼中的"80后"》，《当代青年研究》2009年，第34页。

上"的思想抱负,也没有"矮小下"思想端倪,而是个人发展与客观现实紧密结合;他们的价值理念受到传统观念的束缚和影响较少,对所有事物都包容开放,善于听取各方面的声音和吸纳各方面的意见,理解和包容各种思想观念;比如,面对多元多样多变的各种思想价值观念,他们均采取相对主义态度,价值观念也呈多变性特点,价值目标缺乏稳定性,当然他们也承受着来自各方面价值观念变化的压力;采取折中整合的思想行为模式,在各种变化发展的价值观念积极寻求平衡结合点,他们习惯于把各种思维方式不同的价值观念进行折中整合等。从一定程度上来看,"80后"大学生正尝试着把"60后""70后"大学生所代表的两种截然不同的价值观念进行分化整合,这样,在"80后"大学生价值观念发展中充满着对立和冲突的内在运行矛盾,也正是在不断整合的过程中,逐渐形成了包容、豁达和开放的品格。

(四)2009年以后的大学生("90后"大学生)。如果说"80后"作为"独生子女"的第一代还不够明显,那么"90后"则已经是彻底的第二代"独生子女"。相对"80后"大学生而言,"90后"仍在校园里学习和生活,他们的思维方式有什么新的特点,我们需予以高度关注。

我们理想中的"90后"大学生在"80后"大学生价值观念的原有基础上,经历过30多年改革开放价值观念的积累和沉淀,应该会更加理性和成熟,但事实并非如此。我们曾经对"90后"大学生价值观念作了非常理想的规划和设想,认为经过2008年"奥运会"等系列要事大事的洗礼之后,"90后"大学生身上会发生一种趋向正能量价值观念的深刻转化,大学生价值观念会呈现出从浮躁走向平和、从封闭走向开放、从盲目走向理性、从片面走向整合、从独立走向合作、从怀疑走向理解、从回避走向担当、从独善走向参与的发展趋势①,然而从当前"90后"大学生思想价值观念发展的客观调查状况分析结果显示,"90后"大学生价值观念发展并没有完全按照我们预期的变化而呈现在世人面前。

在对"90后"大学生思想方法的调查问卷中,我们特意在调查问卷设计了一些两极对立的价值观念让他们选择,从大学生的选择情况的调查统计分析来看,"90后"大学生思想价值观念的发展趋势呈现出整合折中的特点,但总体上更偏重于社会主体思想价值观念。大学生思想价值观念注重理想和精神生活,总体发展倾向于宏观、积极和内控,两者选择的矛盾性表现依然突出。大学生处理涉及国家、集体与个人利益时,仍然能从国家、集体角度顾全大局出发,这是非常可贵的,但仍有部分"90后"大学生选择倾向于关注个人利益、个人发展和现实生活,过多权衡个人利益因素。在理想与现实的处理问题上,他们更倾向于对现实目标的追求,解决现实中的具体问题。思想价值观念的折中整合的特点表明他们看待各种问题已日渐理性和成熟,并不像过去那样持有极端和绝对的观点,而是渗透进了相对主义的成分和因素;同时通过调查我们也发现"90后"大学生思想价值观念同样也存在着一定的冲突和矛盾。与20世纪八九十年代的情况相比,"90后"和"80后"也有类似的问题存在,比如:对各种新情况新问题倾向于具体务实,较少关注抽象

---

① 佘双好:《青少年思想道德现状及健全措施研究》,中国社会科学出版社 2010 年版,第 53—56 页。

理论问题；崇尚顺其自然的事物发展态势，观点和理论提升的主动性不强；对日常生活的感悟较为关注，理性思考问题不够；思考问题喜欢从个体的角度，个人与社会的互动较少；不喜欢参加群体性活动，更喜欢个体性活动等。

通过运用实证等相关工具对"90后"大学生思想方法形成的分析，我们发现，说"90后"大学生形成了新的价值观念还为之尚早，因为他们的价值观从总体上看来，并没有突破"80后"大学生价值观念发展的框架，因此，从某种程度来说，"90后"是否能和其他年代大学生相提并论，还有待商榷。因为目前找不到相关的证据来证明"90后"大学生明显区别的时代特点和形成理路。当然，他们之间还是有一些特征值得我们予以关注的。如在社会主体价值导向方面，与"80后"相比，"90后"大学生更倾向于社会价值的导向，总体发展倾向于宏观积极与内控，注重精神追求和理想生活，这些都表明"90后"身上一些新的时代特点和发展趋势。诚然，"90后"和"80后"一样，仍没有摆脱在价值观念两极选择过程中的困惑和矛盾，他们也在努力寻求一种新的超越与突破。从这个意义来看，"90后"与"80后"仍属于同一代人，尽管他们之间有一定代际变化特征，但并没有形成明显的区别。

通过对这四代大学生价值观念的调查分析和形成过程来看，我们还可以进一步将他们分成两个大的不同阶段。以改革开放为界限，之前出生的大学生和之后出生的大学生，那么就有两个明显的类别。那就是"60后"和"70后"这个群体，他们出生在改革开放前，当时物质匮乏，生活条件很艰苦，有时连温饱都解决不了，那么他们在思想方法的形成过程中坚持经济和人的生存安全作为第一要素考虑，而且他们追求事业的成功欲望很强烈，主张通过个人的积极努力获得事业的成功，倾向于现存社会制度的维护，当然，"60后"和"70后"在实现自身价值的取向上是不同的，"60后"坚持在国家整体利益的前提下来实现自己的成功，而"70后"则主张通过自我奋斗实现个人价值。另一大群体就是我们的"80后"和"90后"大学生，他们出生在人民生活条件得到极大改善的时代，社会流动加速，开放程度空前提高的新时代，饥渴对于他们来说是一个非常遥远的词，只是听长辈们提起，但由于没有切身体会和经历，所以对他们来说，注重自我表现和提高生活质量成了他们关注的重点，经济和人的生存安全并没有放在第一位置，属于"后现代主义"或"后物质主义"的一代[①]。而"80后"与"90后"之间，在特征方面出现了一些细微区别和变化，程度不同而已。经过我国改革开放以来大学生存在的代际变化特征系列分析和考究，这种变化并不是一种直线上升式，而是一种交叉螺旋式上升发展模式，是我国改革开放渐进式发展的真实写照，凸显当代社会"时空压缩"的特点和规律。大学生发展代际特征的变化势必对思想方法的培育和提升提出更多更高的要求。

　　根据改革开放30多年来大学生代际特征的分析，我们不难看出，历代大学生都是在生命中最黄金的阶段进行大学求学的，都处于人的生命历程中最耀眼的年华，因此最为敏

---

① ［美］罗纳德·英格尔哈特：《发达工业社会的文化转型》，张秀琴译，社会科学文献出版社2013年版，第105页。

感开放。他们在大学求学期间所遭遇的重大生活事件将在他们生命历程中留下深深的烙印，思想方法的形成明显地具有时代特点和代际特征。然而，由于各自所经历的重大标志性生活事件的不同，也形成了不同的代际特点。大学生的代际变化特征对思想方法的培育提出了新的要求和机遇。

改革开放 30 多年以来的四代大学生代际特征

分类	标志性生活事件	代际特点
1978—1989年（"60后"大学生）	社会恢复稳定，开始恢复高考，改革开放开始进行，西方文化开始涌入，"八九"政治学潮	张扬个性，以国家为主体
1990—1999年（"70后"大学生）	"八九"政治风波后的社会排斥，社会主义市场经济开始确立，高校收费制度进行改革，1996年《中国可以说不》等系列著作的出版	短期化、功利化、以个体为主
2000—2008年（"80后"大学生）	银河号事件，中美撞机事件，"9·11"恐怖袭击，北京申奥成功，互联网的逐渐普及，社会对"80后"的批判，奥运会成功举办，"5·12"大地震	多样多元多变、包容
2009年至今（"90后"大学生）	经历"5·12"大地震，上海世博会等大事件的洗礼，中国经济总量超过日本成为第二大经济体，中日钓鱼岛事件，南海争端，克里米亚事件，IS伊斯兰恐怖组织，伦敦骚乱和占领华尔街运动，党的十八大	注重理想和精神生活，兼容理性

第三章　大学生思想方法的现状及表现形式

根据现状调查和数据分析，我们发现，当代大学生的思想方法现状出现了很多新情况、新问题和新特点，也面临着诸多新挑战、新考验。主要表现为思想认知逻辑的演绎、思想情感路径的选择和思想意志脉络发展的理论形式、主观理念与客观现实的作用和主观意愿与客观实际的和谐、思想追求与现实变化的联动手段的实践形式。

第一节　现状调查

为了更好地开展大学生思想方法的现状调查工作，探寻其本质规律，我们经过认真筛选，挑选了以下四种调查方法。通过这四种方法的综合运用来对高校大学生思想方法的现状进行尽可能准确的调查，调查过程和结果如下。

一　抽样调查

针对大学生思想方法的现状调查，共采用了四种调查方法，其中以问卷调查法为主要方式。

一是文献研究法。所谓文献研究法主要是指采取通过仔细鉴别、分类搜集、系统整理文献等方式,并通过对其进行研究过程中而形成对理性事实科学认识的方法,通过资料检索,借鉴相关专家学者在这方面丰富的经验,同时根据自己的分析角度和相关见解,从而总结提炼出观点。

二是比较分析法。对收集到的国内外相关资料中的数据和有关情况进行仔细对照比较分析,将其相同或相似的地方加以比较,从而总结出比较科学全面的特点,有利于对调查进行科学总结。

三是案例分析法。根据文献和相关期刊资料上的案例进行认真分析,无论是个案还是特例,还是共性的案例都要进行系统科学的分析,从中找出大学生思想方法形成过程的一些共同特点和本质特征。

四是问卷调查法。在导师指导下,学生积极组建团队,成立课题调研小组,进一步完善问卷调查工作程序,然后,根据大学生身心发展特点共同研究设计出适应大学生思想方法的调查问卷,并于 2014 年 5 月在湖南城市学院各二级学院大一、大二、大三之间进行抽样试测。试测后将调查问卷进行相应的完善,并最终在全省有代表性的高校予以实施。其中,调查问卷的设计由 21 个题目组成,其中,第 1—18 题为封闭性问题,第 19、20、21 题为开放性问题。整个问卷分为五个部分:包括被调查对象的基本信息、政治思想状况、在校的学习与生活状况、人生价值观念和国内外局势等问题。

调查的实施:通过与各高校兄弟单位部门负责人的联系确认,在规定的时间由施测人员向组织好的被调查对象集体统一发放思想方法的调查问卷，采取随机抽取的方式，选择一些有普遍代表性的大学生进行无记名的填写，然后以当场回收的方式收回调查问卷。实地调查的辐射范围分别选择湖南省五个层次的代表性高校，分别是2所"985"高校（中南大学、湖南大学）、1所"211"高校（湖南师范大学）、3所本科一批高校（中南林业科技大学、湘潭大学和长沙理工大学）、1所本科二批高校（湖南城市学院）、3所高职高专批高校（湖南城建职业学院、湖南工艺美术职业学院和益阳医学高等专科学校）。实地调查共发放问卷8000份（每个学校均为800份），回收有效问卷7650份，回收率达到95.70%。问卷调查完成后，及时对有效问卷进行统一编码，并开始进行数据处理的工作。

二　结果统计

本次调研采用被试者自填问卷的方式，进行随机抽样调查方法。抽样调查对象为湖南省内5个不同层次的10所高校，抽样调查涉及计算机科学与技术、汉语言文学、建筑学、城市规划、土木工程、市政工程、测绘工程等十多个专业，年级从大一、大二、大三至大四的大学生。经过初步统计，共发放问卷8000份，最后收回有效问卷7650份，有效回收率为95.70%，符合统计学的数据分析要求和条件。其中有效样本为：中南大学769份、湖南大学751份；长沙理工大学732份，湖南师范大学743份，湘潭大学781份，中南林业科技大学762份，湖南城市学院794份，湖南城建职业学院774份，益阳医学高等专科学校781份，湖南工艺美术职业学院763份。

(一) 大学生思想内容状况

对在校大学生开展"无手机课堂"活动,50%的被调查者认为执行难度大,反映在当前新媒体时代,大学生已很难加强对自身的调控,信息化时代的影响已很难阻挡,同时对学校营造"开放式"学术氛围持观望态度,只有22%的被调查者支持,而在实际的教学过程中,"无手机课堂"活动流于形式,部分任课老师基本不管或很难分心参与引导和管理,学生会等相关部门组织的抽查效果不明显,学生抵触情绪较高,手机已是当代大学生生活中不可缺少的一部分。

表3-1　　　　　　　　样本总体情况分析表

样本总体情况表(N=7650)

变量	类别	频数	百分比(%)	变量	类别	频数	百分比(%)
性别	男	4530	59.2	干部成分	班、团支部	710	9.3
	女	3120	40.8				
户口	城镇	3280	42.9		校团委、校学生会	1680	21.9
	农村	4370	57.1				
政治面貌	党员	1460	19.1		院系团委、学生会	1280	16.7
	团员	5680	74.3				
	群众	510	6.6		社团	3080	40.3
年级	大一	2760	36.1				
	大二	2950	38.6		其他	280	3.7
	大三	1460	19.1				
	大四	480	6.2		都不是	620	8.1

对"无手机课堂"的看法

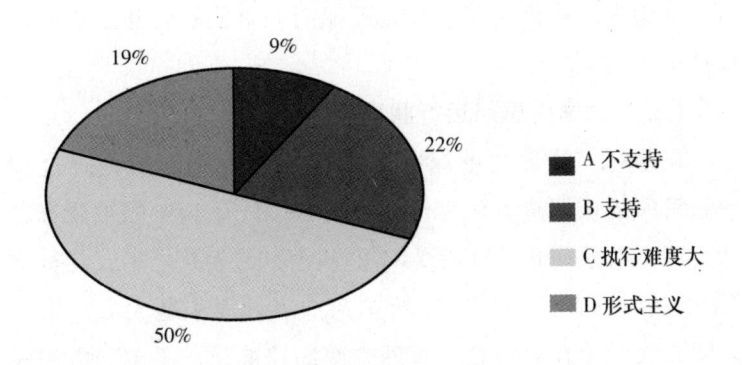

- A 不支持 9%
- B 支持 22%
- C 执行难度大 50%
- D 形式主义 19%

(二) 大学生思想特点状况

大学生对"山西药师资格考试近 1/3 名考生作弊被查处"的看法调查中，73%的认为应予以严厉打击，反映出大学生有着正确的价值观和思想理念，对违反社会公平原则是深恶痛绝的，他们渴望公平的社会竞争与挑战，同时 25%的

对考生作弊被查处的看法

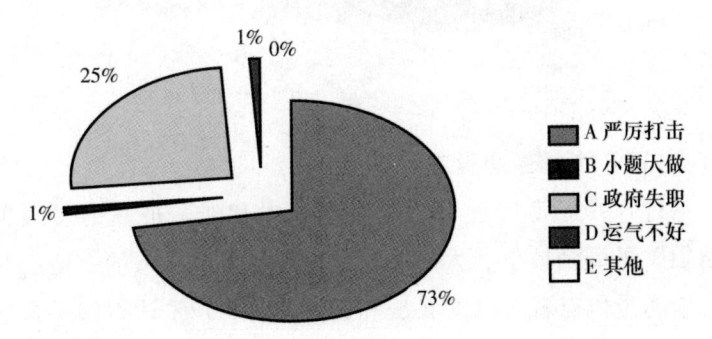

- A 严厉打击 73%
- B 小题大做 1%
- C 政府失职 25%
- D 运气不好 0%
- E 其他 1%

被调查者对政府及相关职能部门也抱有相同的看法,需要政府和社会加以积极正确引导,还他们一个公平公开公正的成长环境。

(三) 大学生思想运行状况

在你对"防学生逃课实施拍照点名"看法的调查过程中,51%的被调查者认为治标不治本,只有18%的被调查者认为可以有效防止,还有24%的认为只是无奈之举,甚至有7%的被调查者认为教学实行拍照点名纯属小题大做。调查表明,大学生在对待教学管理方面比较被动,还未形成积极主动的思想意识。

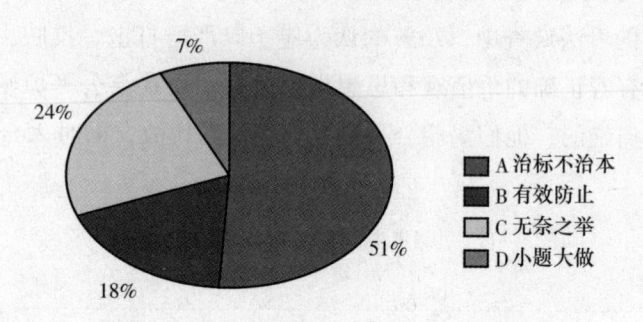

对"实施拍照点名"的看法

- A 治标不治本 51%
- B 有效防止 18%
- C 无奈之举 24%
- D 小题大做 7%

(四) 大学生恋爱观

对"90后"女生和白血病男友共患难,被称为"最美情侣"的爱情故事,大部分大学生还是非常认可的。他们对大学恋爱也有着自己的看法和思维方式,39%认为如果合适就继续往下发展,20%认为不以结婚为目的恋爱都是耍流氓，而5%的被调查者认为不必太认真，更不要彼此约束。22%认为不求天长地久，只求曾经拥有。还有11%的被调查者认为爱情至高无上，恋人好比太阳，悠悠万事，唯此为大。

大学生对恋爱的态度

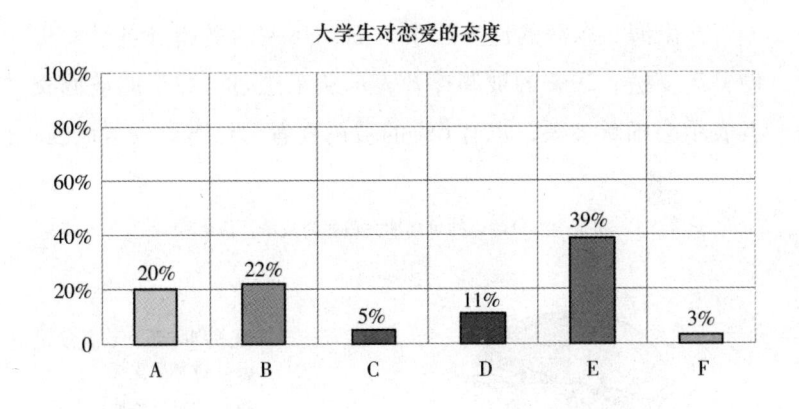

	A	B	C	D	E	F
	20%	22%	5%	11%	39%	3%

（五）大学生思想运行状况

在看待"中国好男人"文章出轨一事上，59%的被调查者感到气愤，认为男人应该有责任感；22%的被调查者认为

"中国好男人"文章出轨，您的看法是？

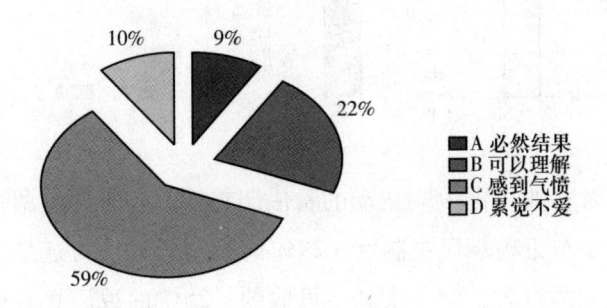

- A 必然结果 9%
- B 可以理解 22%
- C 感到气愤 59%
- D 累觉不爱 10%

可以理解，文章只属于肉体上的出轨；而10%的被调查者认为"累觉不爱"，不敢相信爱情了；9%的被调查者认为天下没有不散的筵席，是必然结果。

（六）大学生思想政治爱国状况

在南海、东海的冲突战事方面，38%的被调查者愿积极做幕后支援；29%的被调查者表示从未想过；27%的被调查者表示会踊跃参军；也有6%的被调查者选择逃离战争地区。

如果南海争端、钓鱼岛冲突演变为战争，您会？

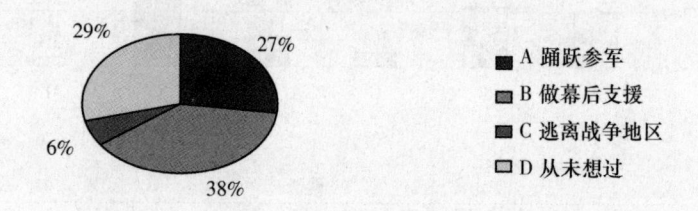

- A 踊跃参军
- B 做幕后支援
- C 逃离战争地区
- D 从未想过

您对香港"占中"运动的看法是？

A	B	C	D	E	F
30%	1%	25%	29%	12%	3%

在对香港"占中"运动的看法调查中，30%的被调查者认为这是严重破坏民主制度；29%的被调查者认为这是一种表达民主的行为，但方法是不可取的；25%的被调查者认为

这是一次境内外势力联合组织的反中行为；12%的被调查者表示对此事不了解；3%选择其他；1%的被调查者认为这是人民表达自己意愿的正常方式。

在看待"英格兰"与"苏格兰"的公投调查中，有41%的被调查者选择对此事不了解；25%的被调查者选择是他国人民表达"民主"的方式；16%的被调查者认为我们应以此为戒，防止此类事件在我国发生；8%的被调查者认为这种事情不应该存在，民主应该要有原则；也有6%的被调查者认为这是英国国力衰竭的表现；4%的被调查者认为这极有可能是外国势力的分裂行为。

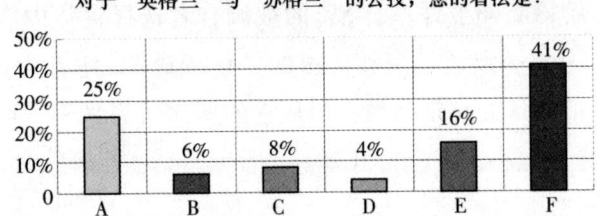

对于"英格兰"与"苏格兰"的公投，您的看法是？

	A	B	C	D	E	F
	25%	6%	8%	4%	16%	41%

（七）大学生思想道德素质状况

对国人在外旅游不文明的行为如何看待时，62%的被调查者认为这种行为不可取，这是破坏国人形象的行为；12%的被调查者认为这纯属个人行为，只是媒体的负面报道比较片面，3%的被调查对象认为这是中西文化的差异；也有1%的被调查者认为理应理解，因为我们拉动了国外旅游经济的发展；仍有22%的被调查者选择其他。

您对国人在外旅游不文明行为是如何看待？

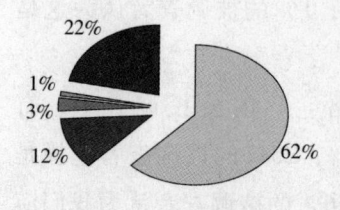

- A 行为不可取，这是破坏国人形象的行为
- B 属于个人行为，只是媒体的负面报道比较片面
- C 中西文化差异
- D 理应理解，因为我们拉动了国外经济的发展
- E 其他

22% / 1% / 3% / 12% / 62%

（八）大学生世界观状况

在对"ISIS（活跃在伊拉克和叙利亚的极端恐怖组织）"的新闻占据媒体头版头条时，有57%的被调查者认为这是一个打着宗教幌子彻彻底底的极端恐怖组织；34%的被调查者并不了解该新闻事件；有5%的被调查者选择宣传内容与自己所认为的一致，是宗教自由的"里程碑"，还有4%的被调查者最初认为它是宗教，但从它的所作所为来看，可能是邪教。

您如何看待"ISIS"的组织？

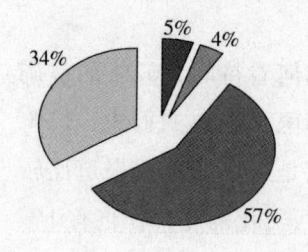

- A 它与自己宣传一致，是宗教自由的"里程碑"
- B 最初认为它是宗教，但从他的所作所为来看，可能是邪教
- C 这是一个打着宗教幌子彻彻底底的极端恐怖组织
- D 并不了解新闻事件

34% / 5% / 4% / 57%

（九）大学生思想道德素质状况

在针对"老人摔倒该不该扶"的社会热点问题，28%的

被调查者选择怕惹祸上身，不敢扶；只有26%的被调查者认为应该去扶，人心不能倒，还有17%的被调查者选择在扶之前先拍照，证明自己是做好事；16%的被调查者认为好心成坏事，被人诬陷事件屡屡发生；10%的被调查者选择其他，还有3%的被调查者认为不应该多管闲事。

"老人摔倒该不该扶"的社会热点问题，您的看法或者做法是？

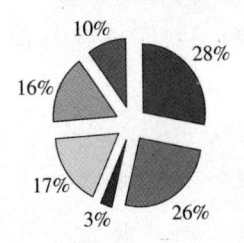

- A 怕惹祸上身，不敢扶
- B 应该去扶，人心不能倒
- C 不应该多管闲事
- D 在扶之前先拍照，证明自己是做好事
- E 好心成坏事，被人诬陷事件屡屡发生
- F 其他

（十）大学生思想实践活动形式

在对校园周边及"路边摊"的食品安全问题上，有30%的被调查者认为政府应该加强企业规范生产，而28%的被调查者认为应倡导诚信经营，有19%的被调查者认为提倡行业自律，有18%的被调查者认为应增强消费者的维权意识。仍有5%的被调查者选择没想过。

对于校园周边及"路边摊"的严峻食品安全问题，您认为应该如何解决？

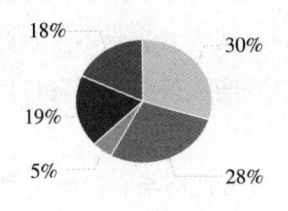

- A 政府应该加强企业规范生产
- B 倡导诚信经营
- C 没想过
- D 提倡行业自律
- E 增强消费者的维权意识

(十一)大学生思想的"明星效应"

对"房祖名、柯震东吸毒被抓,遭到全面封杀事件",51%的被调查者认为应该给他一个改过自新的机会,选择"作为公众人物给青年人造成了负面影响,理应封杀"的被调查者占29%,也有11%的被调查者认为其社会影响极其恶劣,处罚应该更加严厉,但也有8%的被调查者认为他们已经受到刑事处罚,不应该再全面封杀,而选择其他的有1%。

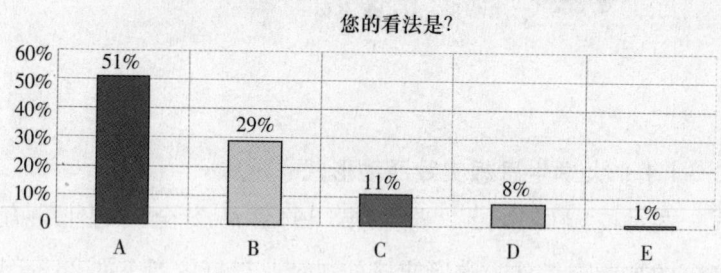

对"房祖名、柯震东吸毒被抓,遭到全面封杀事件"您的看法是?

选项	比例
A	51%
B	29%
C	11%
D	8%
E	1%

(十二)大学生的政治参与热情

在对"云南晋宁县征地流血冲突事件"的调查中,64%的被调查者认为要以此为戒,完善征地制度,杜绝流血冲突事件的发生;21%的被调查者认为政府不作为,应通过加强法制根治暴力征地;而10%的被调查者表示不了解此事;也有4%的选择官员过于腐败;1%的选择应该指责村民,村民不服从安排。

针对党的十八大以来一系列高官落马,75%的被调查者认为是法治不断完善的表现，而17%的被调查者选择是政治斗争的结果，选择落马的只是少数的被调查者占8%。

对"云南晋宁县征地流血冲突事件"，您的看法是？

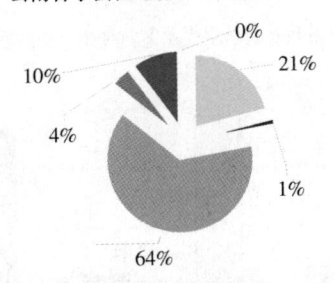

- A 政府不作为，应通过加强法制根治暴力征地
- B 应该指责村民，村民不服从安排
- C 以此为戒，完善征地制度，杜绝发生流血冲突事件
- D 官员过于腐败
- E 不了解此事
- F 其他

对于党的十八大以来一系列高官落马，您的看法是？

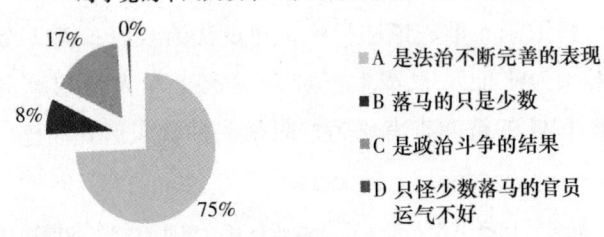

- A 是法治不断完善的表现
- B 落马的只是少数
- C 是政治斗争的结果
- D 只怪少数落马的官员运气不好

（十三）大学生思想安全意识状况

针对暑假系列女大学生失踪案，有29%的被调查者认为她们自我保护意识不强，27%的被调查者认为暴露出政府治

安存在问题,还有22%的被调查者选择感到悲痛,17%的被调查者认为这是高校的失职,应该加强系统安全教育,最后仍有3%的被调查者选择不怎么关心。

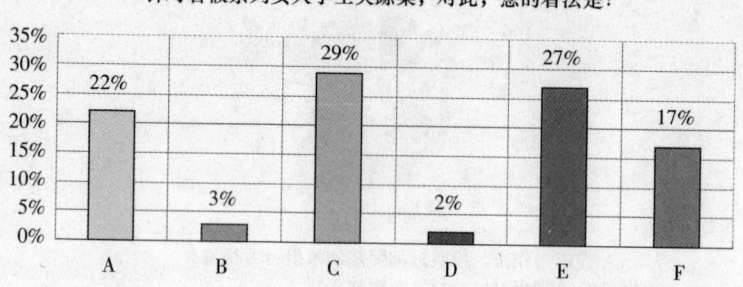

针对暑假系列女大学生失踪案,对此,您的看法是?

选项	A	B	C	D	E	F
比例	22%	3%	29%	2%	27%	17%

(十四)大学生思想政治意识

在对十八届四中全会《决定》"国家工作人员正式就职时公开向宪法宣誓"的看法调查中,33%的被调查者认为能够在领导干部心里真正树立起对法的敬畏;31%的被调查者选择有利于深入推进依法行政,建设法治政府;而24%的被调查者认为不能从根本上形成对国家工作人员权利的约束力;有12%的被调查者认为这只是一种就职形式而已。

您对"国家工作人员正式就职时公开向宪法宣誓"的看法是?

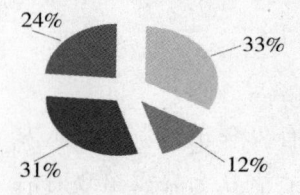

- A 能够在领导干部心里真正树立起对法的敬畏 33%
- B 只是一种就职形式而已 12%
- C 有利于深入推进依法行政,建设法治政府 31%
- D 不能从根本上形成对国家工作人员权利的约束力 24%

第三章　大学生思想方法的现状及表现形式　　75

在问及通过什么方式了解社会主义核心价值观时,30%的被调查者选择报纸、广播、电视、网络等新闻媒体;22%的被调查者选择学校思想政治理论课;有20%的被调查者选择书籍或杂志;20%的被调查者选择讲座、讨论会和学习班;6%的被调查者选择家庭教育;1%的被调查者表示不关心;还有1%选择其他。

您主要通过什么方式了解社会主义核心价值观?

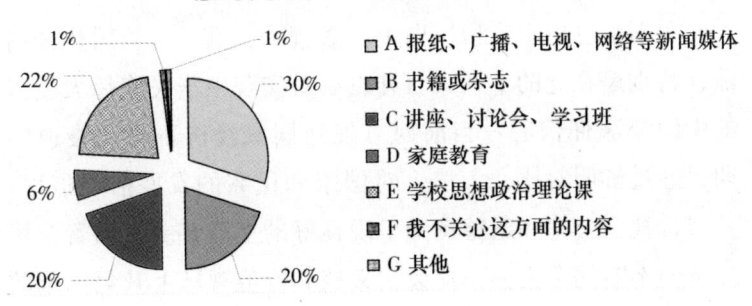

- 1%
- 1%
- 22%
- 30%
- 6%
- 20%
- 20%

□A 报纸、广播、电视、网络等新闻媒体
■B 书籍或杂志
■C 讲座、讨论会、学习班
□D 家庭教育
■E 学校思想政治理论课
■F 我不关心这方面的内容
□G 其他

在对社会主义核心价值观内容的选择来看,每一个词组的数据也是各不相同,但都没有超过15%。

您认为下面哪些词语是属于社会主义核心价值观的内容?

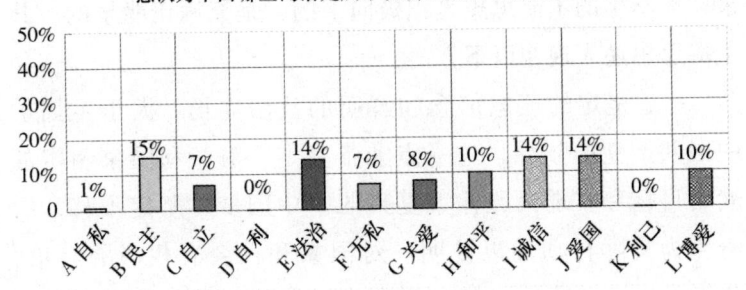

选项	比例
A 自私	1%
B 民主	15%
C 自立	7%
D 自利	0%
E 法治	14%
F 无私	7%
G 关爱	8%
H 和平	10%
I 诚信	14%
J 爱国	14%
K 利己	0%
L 博爱	10%

当代大学生的思想是务实的，思想方法也打上了时代的烙印，具有强烈的时代色彩，思想的变化紧跟时代的脚步，如社会主义核心价值观、依法治国、国际国内形势，无不体现出当代大学生思想方法内容本质的特点，通过对他们思想方法特征的研究探讨，进一步了解其形成理路，从而加强对大学生思想方法的培育和提升。

三　数据分析

大学生思想主流积极向上。表现为：其一，爱国热情高涨，特别是在党的十八大召开以后对实现中华民族伟大复兴的中国梦满怀信心。当前西方发达国家经济正进入衰退时期，通过鲜明对比，大学生对国家和民族的发展信心倍增；其二，社会公德和道德良知呈现良好的上升势头，随着市场经济的不断健全完善，社会主义核心价值观已上升到国家的战略层面，社会环境的净化已取得明显成效；其三，职业道德意识得到了相当认可，大学生对市场经济条件下的职业道德非常认可，而且认识不再随意，变得更加理性务实；其四，增加了对家庭的归属感，遵守传统家庭美德。大学生对传统道德的认同说明其与自身较高的综合素质有关。由此看来，大学生的主流思想是积极向上的，是充满正能量的。其主流思想还表现在以下方面：

一、坚定的理想信念和鲜明的政治立场。大学生拥护中国共产党的领导，这一点非常坚定，对党和国家制定的战略目标和实现民族伟大复兴的"中国梦"坚定不移，纷纷化为实际行动加以证明。对国家和社会有相当的自信，特别是在欧美国家经济低潮，全世界都开始聚焦中国的这个时刻，荣誉感和优越感油然而生。诚然，在实际调查工作中，一些不可忽视的现象值得我们关注，部分大学生对当前的社会治安有意见、对社会公正持怀疑态度且对政府作为不满意，所以我们要予以高度关注。对于官员腐败、黄赌毒不止和道德风气滑坡等问题是大学生最不满意的热点难点重点社会问题。针对党的十八大以来一系列高官落马事件，所以有75%的大学生认为是法治不断完善的表现，而17%的受访者选择是政治斗争的结果，选择落马的只是少数的被调查者占8%。

二、树立了正确的恋爱观。对于"90后"女生和白血病男友共患难，被称为"最美情侣"的爱情故事，大学生还是非常认可的。他们对大学恋爱也有着自己的看法和思维方式，39%认为如果合适就继续往下发展，20%认为不以结婚为目的的恋爱都是耍流氓，而5%认为不必太认真，更不要彼此约束。22%认为不求天长地久，只求曾经拥有。还有11%认为爱情至高无上，恋人好比太阳，悠悠万事，唯此为大。

主要问题

据调查统计我们认为，大学生总体上是积极上进的，主流思想意识形态教育的效果比较明显，他们对主流思想还是发自内心的认可，但与此同时，有些问题我们还得去直视。

一、社会公德心欠缺，漠视社会弱势群体。在针对"老人摔倒该不该扶"的社会热点问题，28%的被调查者选择怕惹祸上身，不敢扶；只有26%的被调查者认为应该去扶，人心不能倒，还有17%的被调查者选择在扶之前先拍照，证明自己是做好事；16%的被调查者认为好心却成坏事，被人诬陷事件屡屡发生；10%的被调查者选择其他，而有3%的被调查者认为不应该多管闲事。

二、喜欢追星，对明星犯罪过于同情。对"房祖名、柯震东吸毒被抓，遭到全面封杀事件"，51%的被调查者认为应该给他一个改过自新的机会，选择"作为公众人物给青年人造成了负面影响，理应封杀"的被调查者占29%，也有11%的被调查者认为其社会影响极其恶劣，处罚应该更加严厉，也有8%的被调查者认为他们已经受到刑事处罚，不应该再全面封杀，而选择其他的也有1%。

三、学校安全教育的有待加强。目前我国大陆高校对学生的教育管理属于"蔬菜大棚式"，既怕经风雨，又怕出问题。高校变成了事实上的"无限责任公司①"，对学生的管理过细过死，高校名义上将权限下放到二级学院系（部），但每年总会强迫二级学院系（部）负责人签订学生意外伤亡、学生自杀零指标、学生就业率等"一票否决"的协议，这样会导致对学生的学习、生活、工作等诸多方面干预太多，从而使高校真正的育人功能大打折扣，让学生变得缺乏创新动力机制，这与教育和人才培养规律是不协调的，这种学术氛围显然不利于大学生思想方法的优化与培育。

四、家庭教育的缺失。经过30多年的改革开放，我国家庭建设虽然出现较大变化，但当很多家庭面对物质需要

---

① 乔万敏、邢亮：《创新型人才培养的新视角》，《教育研究》2010年第10期，第86—90页。

亟待解决时，便会对子女的全方位教育显得力不从心。父母外出打工，留下空巢老人和小孩，父母离异或重组，小孩无人管教，据不完全统计，我国有近6000万留守儿童，相当于整个英国的人口。因为家庭功能出现衰退，亲情无法得到有效呵护，留守儿童成长出现问题，所以长大之后心理生理都留下了深深的伤痕。根据大学生违法犯罪的调查数据表明，超70%的犯罪大学生，其家庭存在着不同程度的问题。

第二节　大学生思想方法的表现形式

长期以来，"天之骄子""祖国的栋梁""民族的希望"成为当代大学生的代名词。他们在众多人的关心和爱护下无忧无虑地长大，常常抱有满腔热血，对自己充满信心，对未来抱有美好的憧憬。生活的一帆风顺使得当代大学生没有经历挫折的体验，也就无从谈起战胜挫折的勇气和经验。他们在心理上还未成熟，心理调适能力不够，对困难和挫折缺乏心理准备，每遇挫折，极易引起心理失衡，甚至出现迷茫、困惑和悲观厌世情绪。然而，在大学阶段，学习、生活等多方面的困难和牵涉甚广、意义重大的抉择是普遍存在的，大学生的心理素质较差，情绪易受影响，情感比较动荡和易变，很容易从一个极端走向另一个极端。同时，铺天盖地的消息通过电视、电话、网络等途径向他们传来的时候，当代大学生由于缺乏社会阅历，往往仅凭借薄弱的理论知识和道听途说的经验来进行分析，常常不能辨别其真伪。因此，当代大学生极易受到社会上各种歪曲的思想观念的误导，从而不能做出正确的选择。

相当一部分大学生在跨进大学校门之前，从未离开过父母。在家庭的"重点照顾"和中学保姆式的管理下，学习和生活。进入大学后，他们在失去了拐杖，面对突然改变的生活环境感到茫然，无所适从，浑浑噩噩地混文凭，心灵空虚，无所事事。信仰迷茫，理想信念模糊，这些都会侵蚀大学生的思想，影响他们的雄心大志。

大学生思想方法在形成、变化和发展的过程中，表现为思想认知逻辑的演绎形式，思想情感路径的选择形式，以及思想意志脉络的发展形式进行指导和支撑，从而通过主观理念与客观现实的有机结合、主观意愿与客观实际的和谐互动实践形式来逐步完成。

一 理论形式

当代大学生思想方法的理论形式决定了马克思主义理论在其中所处的地位和分量，而对马克思主义为主流思想的认可度，则与中华民族的发展命运息息相关，关系着民族复兴"中国梦"的实现。"理论一经掌握群众，也会变为物质力量"①，大学生的思想成长离不开相关科学思想理论指导，否则就会发生偏离，造成无法挽回的损失。新的历史时期，在经济新常态和国际新格局的形势下，社会思想不再单一，国内各种思想多元多样多变共存，大学生思想成长容易受到其他各种错误思想的干扰，从思想认知逻辑的演绎到思想情感路径的选择，"理论只要彻底，就能

---

① 《马克思恩格斯选集》（第1卷），人民出版社1995年版，第9页。

说服人。所谓彻底,就是抓住事物的根本"①,大学生只有不断自我创新,让思维逻辑理论进行指导,才能抓住事物的根本性质和特点。

思想认知逻辑的演绎形式。思想认识,一般来说就是指个体对某一具体事件所持的态度和认识,包括对过去某事的有关评价,对当前具体事物的各种解释,还包括对即将或未来发生事件的预测等。网络新媒体的发展促进了大学生认知方式的急剧转变。作为情感路径的前提和基础,良好的思想认知逻辑,能促进积极情感路径的形成,它是形成积极情感路径的基础。加强对思想认知能力的科学培育,帮助大学生区分真善美和假恶丑的社会现象,还原事物的本来面目,良好的思想品德必须有良好的认知来支撑。

思想情感路径的选择形式。大学生主体思想方法在理论形式上,以个体的主体性为前提,进入个人内心世界,从而引发内在心灵的共鸣,这种思想情感路径的选择是比较符合马克思主义实事求是思想方法的培育理论形式,美国教育家涂尔干对思想情感的路径也非常认可,提出:"教育驱动力的寻找,可以从人的思想情感中进行挖掘。"大学生情感路径的选择是其情感发展过程中的一种路径探讨和抉择,因此,情感教育者必须运用教育学规律,加强自身情感建设,尊重学生人格,与学生坦诚相对,切入学生心灵,进行有效的情感教育。此外还与脑科学、社会学等学科有着重要联系,综合形成一套独立的情感教育机制。

思想意志脉络的发展形式。作为人区别于动物的根本标

---

① 《马克思恩格斯选集》(第1卷),人民出版社1995年版,第9页。

志,思想意志充分体现了人的主观能力功能,是人类群体所特有的。"一切动物的一切有计划的行动,都不能在自然界留下它们的意志的印记,这一点只有人才能做到"①,在大学生的思想意志脉络发展过程中,其思想意志能帮助他们坚定既有的信念,持之以恒,坚持到底直至完成预期目标。意志坚定的人,越挫越勇;而意志薄弱的人则恰恰相反,这两种类型的人结局是完全不同的。正如巴尔扎克所说的那样:"世界上的事情没有完全的绝对,结果完全因人而异。天才把苦难当作一块垫脚石踩在脚下;对思想意志坚定者来说是一笔宝贵的财富;对思想意志薄弱者来说如同临近万丈深渊。"

二 实践形式

通过组织、引导大学生进行思想方法的各种实践,不断提高他们自身的思想觉悟和综合整体认识能力,在改造客观世界的实践过程中,积极能动地改造主观世界思想认知,引导大学生思想认识和思维方式得到积极健康的发展,促进其良性循环。在大学生思想方法的形成和发展过程中,通过主观理念与客观现实的相互影响和作用,以及主观意愿与客观实际的和谐互动,思想追求与现实变化的联动手段等实践形式来践行。实践是人类生存和发展的基本形式,也是增强思想政治教育方法实效性的根本动力。实践出真知,大学生思想认知还具有实践性特点。"为了实现思想,就要有使用实

---

① 《马克思恩格斯选集》(第 4 卷),人民出版社 1995 年版,第 383 页。

践力量的人。"①

主观理念与客观现实的作用形式。大学生对客观事物的理解与认识，不仅是靠意识，而且要充分发挥自身主观能动性，调动自身的主动性、积极性和创造性，及时调整自己的心理活动方式，对客观现实和具体行为进行系统评价。这样才能有效区别自我与非我，主观与客观不同样式。在经济新常态、世界新格局复杂变化的新形势下，对主体自我意识和客观现实利益的准确把握，有助于大学生进一步增进主体认识，认清自己的地位与责任，明确主体的享有权利与应尽的义务，尊重每一个体的平等理念与自由空间，以主体客观独立的姿态立足于社会。所以，大学生只有将自我主观理念与客观现实有效结合形成真正自我主体意识，才能真正明确自己的地位与责任、权利与义务。

主观意愿与客观实际的和谐方式。大学生在思想方法的形成实践过程中，所呈现出主体与客体互动状态，是其主观能动性的积极表现。大学生通过主观意愿在客观过程中的有效融合，从而实现其在思想成长和思维发展上的突破。主观与客观的和谐是大学生实现个人全面发展最明显的特征，也是全面发展的最佳表现。主观能动性是主体的重心，它意味着大学生的思想方法可以相对独立，不完全受外部环境影响和支配。根据客观实际的情况和发展态势及时对主观目标进行调整，最终实现思想方法实践发展的和谐。

思想追求与现实变化的联动手段；思想追求代表大学生对理想的追求与向往，是对"中国梦"与"个人梦"的美

---

① 《马克思恩格斯全集》（第42卷），人民出版社1995年版，第127页。

好设想，是具有一定的合理根据的，因此是可以实现的目标。当今大学生正处于"筑梦"的最佳时期，他们通过把思想追求与当前变化发展的现实世界有机结合，在圆"个人梦"的同时，也与"中国梦"紧密联系起来，实现两者的有效结合。大学生思想追求与现实的联动有一个内化的过程，其最终目标是使大学生逐步把个人思想追求与党和国家的实际情况统一起来，既要有崇高的思想追求，也要有现实变化的根据。

第四章　大学生思想方法的形成理路

大学生思想方法的形成理路可从马克思主义理论学科的视角和其他相关学科视角两个维度来进行整体把握。从马克思主义理论学科视角分析，其思想方法的形成理路主要表现为思想品质对客观条件的适应转化过程、思想心理矛盾与和谐的调整过程、辩证法则在思想与行为关系中的互动过程和否定法则在思政过程中的相互转化过程。从心理学视角分析，其思想方法的形成理路是逆反与认同的判断过程。从社会学视角分析，其思想方法的形成理路是社会化方式的选择过程。从教育学视角分析，其思想方法的形成理路是大学生与教育者的互动过程。

第一节　马克思主义理论学科视角

马克思主义思想实现了人类思想发展史上最伟大的变革，它汲取了人类以往创造的一切优秀文明成果，是我们党和国家最根本的政治信仰。用马克思主义中国化的最新理论成果来武装大学生的头脑，增强他们的科学思维，学会正确认知与充实自己，树立科学的世界观、人生观和价值观。马克思主义思想对以往一切陈旧思维的更新，就在于它的思维逻辑与方式，按照逻辑思维和实践思维去衡量把握、科学评价一切相关哲学思维问题，实现思想认知和思想方法的科学发展。

恩格斯认为，"一个民族要想站在科学的最高峰，就一刻也不能没有理论思维，而要锻炼理论思维的能力，除了学习以往的哲学，直到现在还没有别的手段"。只有将哲学思维上升到一定的高度，民族的竞争力才能得以提升，才能占领科学的最高领域。"思想政治教育是运用马克思主义理论与方法，专门研究人们思想品德形成、发展和思想政治教育规律，培养人们正确世界观、人生观、价值观的学科。"[1]在思想方法的科学培育过程中，通过对人的思想认知和思维方式规律的把握，从而培养正确的思想方法，更好地指导人们认识世界和改造世界。毛泽东曾经指出："没有正确的政治观点，就等于没有灵魂。"思想政治教育在本质上是属于意识形态领域的工作，是"根据一定的经济基础，反映经济联合的根本意志，为统治阶级的利益服务"[2]，带有鲜明的思想性和阶级性。

马克思主义是无产阶级的科学世界观和方法论，它揭示了人类思维发展的普遍规律。我们从马克思主义理论学科的视角，多方面多层次地洞察分析大学生思想方法形成的本质

---

[1] 国务院学位委员会《教育部关于调整增设马克思主义理论一级学科及所属二级学科的通知》（学位〔2005〕64号）。

[2] 徐晓凤、秀敏：《论现代思想政治教育的学科特色》，《思想理论教育》2006年第7期。

规律，用其科学的世界观和方法论对大学生思想方法的形成理路进行剖析。

一 思想品质对客观条件的适应转化过程

思想品质包括个体的思维活动、意识形态、道德修养、言行举止所显示出来的思想认识及品性等品质。思想品质在一定程度上对思想方法的形成起着很大的作用，在思想品质的形成过程中，一方面具有客观制约性的特点，另一方面也体现出主观能动性的特征。在思想品质的形成和发展过程中，思想品质对客观条件的适应转化过程就是思想方法的体现。个体思想品质的心理结构既包括思想认知和思想情感，也包括思想意志和思想行为，个体思想意志品质的内容既包括自制力——善于把控自己情绪和行为的能力；也包括独立性——有能力作出重要决定并对行为产生的结果负责；同时也包括果断性——明辨是非，及时作出决定并付诸行为，还包括坚定性——坚信自己决定的合理性，持之以恒地执行决定。从人的思想品质的形成和发展规律来看，如果思想方法发生错误，就不可能确立科学的世界观、人生观和价值观，政治方向就会产生偏向，各种利益关系就很难正确处理，那么追求真善美，塑造健康完善的人格，为国家繁荣做贡献等，就会变成空想。品质，是一种思想意识和品行，是通过作风和行为等方式表现出来的。个体社会品质是其思想认知和思维方式在社会基本活动中诸特征的综合表现。而作为处理人际关系方面的品质，是在社会群体活动中，成员之间相互影响协调而形成的个体品质，影响和决定着个体在社会活动中的所有行为和活动，实践是大学生思想方法形成的根本前提和条件，人的思想品质是在社会实践基础上主客体因素相互作用、相互协调产生的，人的思想品质是主体内在思想矛盾运动转化的结果。①

充分利用思想品质对客观条件的适应转化功能，以社会主义核心价值体系为主线，加强"中国梦"的思想品质教育。以中国特色社会主义理论体系为导向，培育大学生积极向上的世界观、人生观、价值观和法制观、道德观、政治观等。现在国家全力推进教育改革，为培养创新型人才制订积极方案，大力提倡素质教育，思想品质教育是国民教育的重要组成部分，其重大意义不言而喻，因此提高学生的思想道德素养，加强对大学生的思想品质教育，是当前我国教育工作者所迫在眉睫并亟待解决的现实问题。《国家中长期教育改革和发展规划纲要（2010—2020年）》高度重视思想品质教育。《纲要》提出："注重品德修养，激发学习兴趣……着力培养品德优秀、信仰执着……的人才"②，思想意志可以克服不良的思想，确保个体道德的正确方向，其在个体思想品质形成过程中担任重要的"定向"的作用，个体思想品质的内容可以概括为自制力、独立性、果断性和坚定性。在思想方法的形成过程中，作为主体的大学生，面对纷繁复杂的客观世界，既要充分发挥其自身的主观能动性，又要根据客观形势不断进行积极主动的磨合调整，使思想品质对客观条件进行适应转化，从而实现大学生思想品质的升华，实现

---

① 陈万柏、张耀灿：《思想政治教育学原理》，高等教育出版社2007年版，第123—124页。

② 《国家中长期教育改革和发展规划纲要（2010—2020年）》，中国网，2010年3月1日。

思想品质对客观条件的适应转化过程。

客观条件作为外部因素，自始至终都存在并作用于大学生思想品质的整个过程。客观条件，指人的意识之外不以人的物质为转移的物质世界或认识对象。在整个大学生思想品质的形成过程中，客观条件自始至终都伴随着大学生思想品质形成的每一个环节，而且客观条件与其思想品质的关系并不是固定不变的，而是一个相互影响相互适应的互动过程，思想认识由于受所处阶级地位（在阶级社会中如此）、时代所处的科学知识水平和特定的社会历史条件等诸多因素制约，其所形成的思想品质也受当时复杂的客观条件及其变化发展所掣肘，思想认识观念与客观条件的冲突，使大学生思想品质与客观之间常产生一些不可避免的矛盾，这些矛盾只有在不断实践中进行适应转化，总结经验（包括失败的教训），才能逐步做到客观条件与思想品质具体的历史的统一，邓小平同志曾明确指出，"解放思想，就是使思想和实际相符合，使主观和客观相符合，就是实事求是"①。有时思想品质与客观条件不及时适应转化或转化出现错误，思想方法不正确，没有认真看清动态的客观事物或客观条件而导致思想品质形成的不健全不完善，就会使我们产生错误的思想认识。

思想品质形成的层次只有受客观条件决定，才能形成与之相对应的思想方法。马克思主义唯物观认为，物质决定意识，社会存在决定社会意识，一定的思想品质只能在一定的客观条件下产生。和原始社会、奴隶社会、封建社会的思想

---

① 《邓小平文选》（第2卷），人民出版社1993年版，第364页。

品质相比，现有的客观条件下形成的人的思想品质已有本质区别。在生产力极其低下的原始社会，人对大自然的崇拜和畏惧使人的思想品质已经固化，这种变化是极其微妙的，其变化速度很难察觉，客观条件以压倒性的优势牢牢掌握主动权，其思想品质完全受制于客观条件。进入奴隶社会以后，随着生产力水平的提高和私有制的出现，社会产品开始出现剩余，社会阶层进而出现分化，人的思想品质发生了很大变化，开始出现了分化，所形成的思想方法也具有了明显的阶级性。

思想品质对客观条件的形成和发展起着一定的反作用，并能促进或阻碍其客观条件的发展进度。大学生良好的思想品质能积极推动客观条件的良性运行，进而促进生产力的发展；不良的思想品质阻碍制约客观条件的正常发展，成为绊脚石。在大学生思想方法的形成发展过程中，思想品质通过与客观条件的不断磨合，相互影响，相互调整适应，在适应转化过程中积极推动。

1. 知，即思想政治品德认识，是人们对一定社会的思想政治品德关系以及处理这种关系的原则、规范的理解和领悟。它包括思想政治品德概念、思想政治品德判断以及世界观、人生观和道德理想。思想政治品德概念是对一定社会的思想政治品德现象、关系和思想政治品德行为的本质的抽象概括。思想政治品德判断是运用思想政治品德概念对行为的是非、美丑、善恶进行评价的认识活动。世界观是人们对整个世界总的看法和根本观点。人生观是人们对人生目的和意义的总的看法和根本态度。道德理想是一定社会的理想人格，是人们行为的最高标准的集中体现。思想政治品德认识的形成是思想政治品德形成过程的基本发端。因为思想政治品德认识是思想政治品德情感、信念和意志形成的根据，是一定社会的思想政治品德原则和规范转化为个体思想政治品德行为的基础。离开了一定的思想政治品德认识，就不可能形成思想政治品德品质。

2. 情，即思想政治品德情感，是人们运用一定社会的思想政治品德原则和规范去理解、评价周围环境中的人和事物时产生的一种主观情绪体验。思想政治品德情感的形成对思想政治品德的形成与发展过程起强化作用。因为思想政治品德情感是加深思想政治品德认识、增强思想政治品德信念、锻炼思想政治品德意志的催化剂，也是思想政治品德行为的推动力。

3. 信，即思想政治品德信念，是人们对一定社会的思想政治品德原则和规范的内心信仰。思想政治品德信念的形成是思想政治品德形成过程的关键。因为思想政治品德信仰是思想政治品德认识、情感和意志的有机统一，也是思想政治品德行为的内在动力和精神支柱。

4. 意，即思想政治品德意志，是人们在履行思想政治品德原则和规范的过程中表现出来的自觉克服一切困难和障碍的毅力。思想政治品德意志的形成对思想政治品德形成过程起调节作用。因为思想政治品德意志是调节思想政治品德行为的精神力量，即使有深刻的思想政治品德认识，如果没有顽强的思想政治品德意志，思想政治品德认识也难以转化为思想政治品德行为。

5. 行，即思想政治品德行为，是人们在思想政治品德认识、情感、信念和意志的支配和调节下，在实践活动中履行思想政治品德原则和规范的实际行动。思想政治品德行为的形成是思想政治品德形成过程的归宿。因为思想政治品德行为是一个人思想政治品德的综合反映。如果思想政治品德认识、情感、信念和意志只是形成即止而不付诸行动，不去履行思想政治品德原则和规范，不达到最后的落脚点，那么，这些思想政治品德认识、情感、信念和意志就只是个人的内在动机，毫无实际意义。只有从知经过情、信、意转化为实际的行动，并进行经常的锻炼和修养，使之成为思想政治品德行为习惯，思想政治品德认识、情感、信念、意志才能得到巩固，才能凝结为一个人具有稳定倾向性的思想政治品德。

在人的思想政治品德的形成与发展过程中，知、情、信、意、行是相互联系、相互影响、相互制约、相互渗透和相互促进的。知是情、信、意的基础，也是行的先导；情是知、信、意的催化剂，也是行的推动力；信是知、情、意的合金，也是行的内在动力和精神支柱；意是知、情、信的体现，也是行的杠杆；行是知、情、信、意辩证运动的外在表现和最终结果，又是强化和巩固知、情、信、意的基础。

可见，任何一个人的思想政治品德的形成与发展都包含知、情、信、意、行五个心理要素，缺少任何一个要素都难以形成完美的思想政治品德。人的思想政治品德形成与发展的内在转化过程是知、情、信、意、行诸要素的形成和从知到行的转化过程。这个过程实质上是思想政治品德结构要素之间相互平衡发展和适应以及知与行从旧质到新质的循环往复、螺旋上升的矛盾运动过程。

二 思想心理矛盾与和谐的调整过程

随着社会的快速发展，当代大学生的积极进取精神和竞争意识不断强化，但面对激烈竞争和发展、成长过程中的困难和挫折，心理承受和调节能力亟待提高，心理健康问题表现突出。家庭和自身期望值过高、感情问题、人际关系、家庭状况、就业压力增大等各种原因使学生背上了种种心理包袱，严重影响了他们的心理健康，少数学生出现了抑郁、孤独、敏感、神经衰弱等心理症状。特别是有些贫困大学生，直面竞争和经济贫困的心理压力，更易使他们成为心理病变的"高发群体"。有统计表明，大学生中精神行为检出率约为16%，心理不健康或处于亚健康状态的约占30%。可见，目前大学生的心理健康状况是令人担忧的。这些问题如不能得到及时解决，不仅给高素质人才的培养和学校教育带来困难，而且还会引发一系列社会问题。

由于人生阅历和社会经验缺乏，大学生的一些生理和心理因素处于不稳定的变化状态，世界观、人生观和价值观不定型，在价值取向上出现多元、多变、矛盾的特点，难以全面把握事物的本质，思想上容易脱离实际、迷茫和失衡，容易被外界所左右。

社会生活的重大变革、时代思潮的迅速变化、学业爱情等方面的成功与挫折，使当今大学生背负了较以往更为复杂和沉重的心理包袱，各方面的压力使得大学生的情绪波动较大，心理问题突出。就其内在而言，大学生正处于青年期，经过青春期的成长，在认识外部世界的同时开始注重对自我的探索，心理活动逐渐指向自己的内部世界，这种心理上的闭锁性使他们常常产生不被别人理解、知音难求的苦闷感,心理内部压力增大。而从外界看,面对激烈的社会竞争和严峻的就业形势,一些大学生对未来感到茫然,无所适从。在理想与现实的反差中,面对迷茫和挫折,缺乏一定的承受能力,从而产生心理障碍和心理疾病,影响其身心的健康。

党的十七大报告提出,"加强和改进思想政治工作,要注重人文关怀和心理疏导,用正确方式处理人际关系"。这要求思想政治教育工作者既要教育人、引导人,又要关心人、帮助人;不仅要了解大学生的基本情况,还要深入学生,掌握他们的思想动态、心理状况,有的放矢地做好咨询服务工作,引导学生形成良好的心理素质,正确对待挫折和荣誉,通过人文关怀和心理疏导为改进大学生思想政治教育注入新的生机与活力。

大学阶段处于人生思想最活跃、最丰富多彩的时期,从心理上来讲处于心理断奶的关键时期,从上大学开始要逐步构建自己独立的心理世界,形成完整的人格。在这个过程中,思想上会有各种想法交织在一起,会出现各种各样的矛盾与冲突。及时了解当代大学生的思想特征及由此导致的问题对于找到最为适当的方法解决这些问题具有重要意义。

研究表明,大学生的思想、心理和意识是相通的,它们都是一种精神现象,属于大脑机能,以实践活动为载体,以客观现实为内容和源泉。心理作为大学生思想形成的基础,其思想遵从心理的形成和发展规律,与此同时,思想是心理发展的升华,思想活动是心理活动的高级形式。

大学生思想方法在其思想心理形成的过程中表现为一种

思想心理矛盾与和谐的调适过程。马克思主义认为，对立统一的辩证关系在客观事物的不断发展变化中存在。当今国内外环境复杂多变，在日新月异的网络时代背景下，大学生思想心理在形成发展过程中不可避免地出现一些心理失衡状态，家庭教育、学校教育和社会教育与社会发展已不相协调。传统的教育方式方法已很难适应当前时代前进的步伐，在这种情况下，大学生思想心理形成和发展的过程就会面临着各种矛盾，面对无法摆脱客观现实的困扰，想要解决这种问题，就必须学会用正确的思想方法来处理这两者之间的关系，努力实现与现实的和谐，并积极通过对其存在的矛盾进行不断的调整以达到思想方法的优化和谐。

矛盾无处不在，矛盾无时不有。这是马克思主义唯物辩证法关于矛盾论的重要观点，一定社会发展的要求同人们实际的思想心理水平之间的矛盾是思想心理矛盾存在的内在根据，那么，在大学生思想心理的形成发展过程中，不可避免地存在着与现实社会变化发展的冲突和对立，其思想心理的矛盾贯穿始终。这种矛盾促进推动大学生成长成才，只有存在思想斗争等诸多矛盾，大学生思想方法才能在斗争中加速健全和成熟。面对经济一体化、信息全球化的国际环境，原有的思想认识已不能适应客观变化发展的形势，思想心理矛盾出现多元多样多变，继而引发教育界和全民的思考与反思，所以我们需要促使大学生思想方法在矛盾冲突统一中加以提炼，进而实现升华。

大学生思想心理的和谐。孔子认为君子的必备素质是心理各成分上的统一协调。他指出，仁德（仁）和聪明（知）是相得益彰的关系，也是统一的。他所提出的"苟志于仁矣，无志恶也"，"仁者安仁，知者利仁"①，"知者不惑，仁者不忧，勇者不惧"② 等均体现了这种思想。心理和谐的思想，实际上是以孔子为代表的儒家一贯追求中庸平和的思想理念在心理上的强烈体现。孔子这位伟大的思想家将这种在心理上追求中庸的和谐状态纳入君子必备的素质之中，认为只有不断自律、自省、学习、理性、诚信等才能获得这样的素质，这种思想至今仍值得我们借鉴和学习。大学生心理和谐是其直接影响心理的各要素以及心理成分之间在总体意义上的相对稳定、协调统一的关系，大学生心理和谐是其心理健康的重要体现，当大学生思想方法能正确地认识并协调指导实践活动时，其思想心理便能达到和谐的状态，并紧跟时代的脉搏，顺应客观事物的发展变化。在大学生成长成才的过程中，由于采取了正确的思想方法进行指导，从而获得积极正面的效果，大学生思想心理的矛盾状态实现和谐的调整过程。

三 辩证法则在思想与行为关系中的互动过程

大学生的抽象思维能力尤其是辩证思维能力高度发展，思维的独立性与批判性、灵活性与敏捷性、逻辑性与创造性等品质逐步完善。他们易于接受新知识、新思想，不迷信权威，勇于探索。但由于成长经历和家庭环境等原因，他们很少有机会参加实践活动，这导致他们缺乏团队精神，人际沟通能力、解决实际问题的能力弱。

---

① 《论语·里仁第四》，中华书局2006年版，第133页。
② 《论语·子罕第九》，中华书局2006年版，第517页。

我们必须不断探索新途径和新方法，紧紧抓住影响大学生思想政治观念形成和发展的关键环节。首先，要教育和引导大学生认识群体意识和个体意识的辩证关系。要使学生认识到强化个体意识，如若置群体意识而不顾，不关心集体，不参加集体活动，把自己凌驾于集体之上；强调个体意识的多样性，而否认群体意识的统一性，并演化成极端个人主义，则是错误的。其次，要积极教育和引导学生树立平等竞争意识。要使学生认识到竞争作为一种激励手段，对大学生成长是有利的，但也要看到资产阶级竞争观对大学生的误导所产生的不良行为。有的大学生在竞争中表现出极端个人主义、弄虚作假和损害集体利益、他人利益的现象，就是这种错误所产生的结果。最后，在各种思想文化相互激荡的环境中，用民族优秀传统文化的精神去陶冶学生，用社会主义市场经济的行为规范去教育学生，用社会主义道德准则去引导学生，塑造一代有高尚人格理想和正确思想道德观念的青年大学生。

心理学研究表明，需要引起动机，动机支配一定的行为。任何一个行为的发生都是与一定的需要相联系的，需要是促使行为发生和持续的原动力。从心理学意义上来理解，需要就是个体在生活中感到某种欠缺而力求满足的一种内心状态，是集体自身或外部生活条件的要求在人脑中的反映。这种需求的满足可以通过选择实现，也可以通过无选择实现。计划经济条件下的人们必须接受一个毫无选择的现实，所有的生活都被一种无条件的服从所代替。社会主义市场经济的高度开放性和透明性为个人提供了丰富多彩的选择机会，个人可以根据自身利益取向进行自由的利益选择，从而激发人的选择意识的觉醒。所以,不激发学生独立选择的需要,学生就没有发自内心的发展动力,那么理性张扬个性就成为一句空话。

辩证法则不仅是"思维的体操",同时也是"思维的规律"与"智慧的精髓",是培养理性思维的不二法门。科学揭示了人类社会历史进程、自然界法则与人类思维发展本身的最一般的规律,而"蔑视辩证法是不能不受惩罚的"[①]。马克思主义辩证法则是对西方哲学辩证法思想的批判性继承,特别是有效吸收并改造了黑格尔唯心主义辩证法思想。马克思主义辩证法是历史辩证法和唯物辩证法、矛盾辩证法和实践辩证法以及概念辩证法与系统辩证法的有机统一。辩证法则对提升思想方法的"概括性、敏捷性、深刻性、灵活性、批判性和独创性"具有十分重要的训练价值。辩证思想方法是人们进行正确认知思维,实现从感性认识上升到理性认识,再把理性认识回到指导实践的实质性飞跃,从而形成科学的思想方法。

行为是思想的外在表现,而思想则是行为的先导。它们之间具有一定的内在结构,内容丰富。思想决定行为,行为反过来影响思想,它们辩证统一于人们的理论实践过程中。但在具体实际生活过程中,我们却经常看到主体的行为与其思想不一致的情况。有时是主体虽然具有某种强烈的思想倾向却没有采取相应的行为,而有时主体虽然没有某种思想却采取了相关的行为。种种迹象表明,思想与行为之间并非只是简单的一一对应的存在关系,而是较为复杂的辩证统一。

---

① 《马克思恩格斯选集》(第4卷),人民出版社1995年版,第300页。

第四章　大学生思想方法的形成理路

人类永恒的主题是认识世界、适应世界、改造世界和创造世界，是人类不懈的追求。面对复杂多变的世界、复杂的形势和繁重的任务，我们比以往任何时期都需要马克思主义的辩证思维来培育和提升我们的思想方法。古人曰："毋意，毋必，毋固，毋我"，要善于运用辩证思维并且做到不妄自揣测，不固执己见，对事物的认识不作绝对单一判断，不唯我独是，防止片面偏激，主观臆断和避免左摇右摆、来回多番折腾和大起大落以及忽快忽慢，才能稳步从必然走向自由、从此岸到达彼岸。①

辩证法则强调分析客观事物的系统性、关联性和动态性，"辩证法在考察事物及其在观念上的客观反映时，本质上是从它们的联系联结以及它们的产生和消逝方面去考察的"。这种思想方法的研究是要"透过一切迷乱现象探索这一过程的逐步发展的阶段，并且透过一切表面的偶然性揭示这一过程的内在规律性"②。马克思主义对辩证法则在科学把握事物发展的作用予以高度重视，"要精确地描绘宇宙及人类的发展，和这种发展在人们头脑中的反映，只有用辩证的方法，不断地注视生成和消逝之间、前进和后退的变化之间普遍的相互作用才能做到"。

作为马克思主义唯物论的辩证法则，在大学生思想方法的形成过程中，自始至终都扮演着不可或缺的角色，正是在这种既对立又统一的动态思维发展中，将大学生的思想与行为凸显得淋漓尽致，推动着其思想方法朝着不断健全完善的

---

① 黄建国：《我们比任何时候都需要辩证思维》，《新湘评论》2013 年第 16 期。
② 《马克思恩格斯选集》（第 3 卷），人民出版社 1995 年版，第 737 页。

方向发展。

辩证思维方法是大学生运用正确思维,实现从感性认识上升到理性认识,再回到实践从而实现质的飞跃,进而达到掌握真理的科学方法。马克思主义唯物辩证观指出,思维是对现实世界发展一般规律的反映,具有不以人的意志为转移的客观变化发展规律,思维是人脑进行逻辑推理的能力、过程和属性。哲学思维是人类最根本的思维,是动物和人类在心理上的本质区别,思维是人类特有的特征。

思想难于真正流露是思想与行为背离的根源。大学生的行为与其内心认同的思想在现实生活中表现出不完全一致。其思想与行为在表现形式上的联系有两种:背离和一致。其实,不论行为是否符合思想的本来意愿,除去人的某些本能行为之外,其行为都是在思想的指导下进行的,思想与行为的互动在本质上是辩证统一的关系。马克思主义认为,实践和观念是对客观条件进行把握的两种主要方式。所谓实践的方式,大致相当于我们所说的人的行为;而观念的方式,主要是以思想和认知的方式来加以实现。而在现实生活中,通过实际行动就可以将大学生的思想觉悟水平体现得淋漓尽致。而在头脑中所内化形成的思想观念,只是一种主观的理念,由于大学生思想方法还未成熟,其呈现出零散的、片段性、碎片化的特征,并未形成较为完善的系统,而且其思想在未成为指导行为实践之前,还属于潜在的东西,不管意愿多么强烈,觉悟多么崇高,都有待于转化到客观行为中去。若思想没有在行动上得到表现,人们就很难达成共识和获得认同。

善于辩证思维,做到不绝对肯定,不悬空揣测,不唯我独是，不拘泥固执，防止片面偏激、主观臆断，避免来回折腾、左右摇摆，较少忽快忽慢、大起大落，才能稳步从必然走向自由、从此岸到达彼岸。人类不懈的追求和永恒的主题是认识适应世界、改造创造世界，面对多元多样和复杂多变的世界形势以及严峻繁杂的任务，我们都离不开马克思主义辩证思维的坚定指导。

恩格斯曾指出："马克思的整个世界观不是教义，而是方法。它提供的不是现成的教条，而是进一步研究的出发点和供这种研究使用的方法。"① 是脱离实际，轻视实践，把马克思主义奉为神圣教条，拿来生搬硬套；还是运用马克思主义辩证法则的方法、观点和立场，坚持理论和实践的有机统一，来研究和解决大学生思想方法形成和发展的实际问题？这不仅是对待马克思主义辩证法则的根本态度和学风问题，而且是关系到中华民族伟大复兴的重大问题。"马克思主义理论从来不是教条，而是行动的指南。它要求人们根据它的基本原则和基本方法，不断结合变化着的实际，探索解决问题的答案，从而也发展马克思主义理论本身。"②

四 否定法则在思政过程中的相互转化过程

马克思主义哲学作为一种辩证的否定。它包含有两个基本特征：其一，辩证否定是事物发展过程中必经的环节。否定是对现存事物的质的一种根本否定，是事物根本性质

---

① 温济泽：《马克思恩格斯列宁斯大林论思想方法和工作方法》，人民出版社1984年版，第26页。

② 《邓小平文选》（第3卷），人民出版社1993年版，第146页。

的变化，是旧质迈向新质的飞跃，标志着旧事物的灭亡和新事物的产生。只有经过作为事物发展的决定性环节的否定，事物才能实现由低级向高级、从简单到复杂地渐进式发展；第二，辩证否定又是事物发展过程中必不可少的环节。新事物是在旧事物的基础上成长起来的，它在否定旧事物的同时，摒弃旧事物中无用的、过时的、消极的成分，保留了旧事物中有用的、合理的、积极的成分。辩证否定是发展联系环节的统一，即"扬弃"，是新事物对旧事物的选择性继承。继承则体现了发展过程的连续性，选择体现了发展过程的非连续性……总之，在"肯定—否定—否定之否定"的发展进程中，"否定之否定"对事物的发展显然要重要得多。

在对大学生思想方法的培育过程中，我们要通过否定法则，帮助他们实现从量变到质变、从简单到复杂、从低级到高级的转变过程。他们面对纷繁复杂的客观世界，生理上的成熟与心理上的成熟的不协调，导致他们的思想和行为出现偏差，在学习上、生活上和人际关系的处理上以自我为中心，思想行为过于偏激，缺乏足够的社会经验和正确的世界观、人生观和价值观引导。从而对形成正确的思想方法构成较为严峻的挑战，通过否定法则在思想政治教育中的运用，让大学生在"自我肯定—自我否定—自我否定之否定"过程中实现其思想方法的全面提升。

恩格斯曾在《反杜林论》中明确指出：否定之否定法则作为整个辩证运动过程的核心，贯穿于客观事物的始终。有专章论述。指出马克思《资本论》所遵循的思想进程和卢梭对人类不平等起源的把握相似，是指"一系列辩证的说法：

按本性说是对抗的、包含着矛盾的过程,一个极端向它的反面的转化,最后,作为整个过程的核心的否定的否定"①。恩格斯所提及的核心,是对整个客观事物发展过程中合理内核的积淀。

否定法则作为包含肯定在内的事物的自我否定,并不是一次就可以彻底完成的。从客观事物发展的全过程来看,往往是通过"肯定—否定—否定之否定"的有规律的周期性运动来实现的。所以,通过思想方法的培育过程,让否定法则在大学生思想方法形成发展过程中,形成相互转化,加速其优化发展,提升大学生综合素质。当然,大学生思想方法的发展经过"肯定—否定—否定之否定"这样一个周期之后并未终止,因为运动是永恒的,是周而复始,循环往复,无穷无尽,从而不断在更高基础上向更高层次发展。

思想方法的形成和发展轨迹,是一个不断由低级向高级发展的、从简单到复杂的心理运动过程。所以思想方法的培育也必须遵循大学生思想方法的成长规律,充分调动大学生思想成长过程中的主动性、积极性和创造性。唯物辩证法认为,从低级向高级,由简单到复杂,从肯定—否定—肯定的思想发展循环过程中相互转化,任何事物内部包含着否定和肯定两种因素或两个方面。大学生思想方法的形成规律同样遵循否定法则,其思想方法的形成也是在肯定—否定—肯定的转化过程中得以提升。

---

① 《马克思恩格斯选集》(第3卷),人民出版社1995年版,第483页。

第二节 其他学科视角

除了从马克思主义理论学科视角外,思想方法形成还可以从心理学、社会学和教育学等学科视角来进行分析研究,从这些不同的角度探讨思考,可以成为研究大学生思想方法并拓宽思路,能让我们更加系统、全面、真实地探讨大学生思想方法的形成规律和实质。从而丰富思想政治教育的内容和手段,促进大学生思想政治素质的优化和提升,充实大学生思想政治教育的新内涵,形成更好地培育大学生成长成才的良好氛围。

一 逆反与认同的判断过程

从心理学的角度来讲,青春期的少年普遍地会存在不同程度的逆反心理。同时,由于家庭、社会、学校(主要是小学中学的教育)在初等和中等教育上普遍存在的重成绩、轻素质的问题,大学生的自律能力相对较低。最明显的表现就是,对于老师和同学的忠告,绝大多数学生可以意识到是正确的,但从思想上存在排斥心理,不能很好地克制自己,会出现荒废学业、思想偏激等问题。

大学阶段是青年自我意识疾速膨胀、生理与心理变化日趋成熟的关键时期,也是大学生世界观、人生观与价值观形成的关键时期。在大学的整个求学阶段,他们对周围事物的变化发展保持高度关注并处于敏感状态,因而在学习、交友、恋爱、生活、娱乐等相关社会活动过程中,遇到各种困难、困惑、矛盾与阻力时,往往容易形成相关心理障碍,产生各种心理问题。

对于"逆反心理"这个概念的定义，在学术界持有各种不同的观点。我国教育界的主流观点是著名心理学家金胜华提出的"所谓逆反心理是指教育客体在接受教育过程中，产生的一种背离教育主体期望目标的反向力量，从而阻碍态度转变的一种心理现象"。

逆反心理是当前部分大学生心理问题的一个比较典型的例证。逆反心理作为一种异常心理的出现，反映了大学生在自我调节控制、心理需求和对各种外界刺激的认知评价反应等方面出现了一定的偏差。如任其自由发展，将会导致破坏性甚至敌对行为的发生，这不仅对大学生的心理健康成长造成直接损害，同时也阻碍大学生思想方法的形成与发展，不利于其思想方法的科学提升。

是什么原因使得处于"稚嫩与成熟"边缘的大学生"回归叛逆"呢？从心理学的角度来看，逆反是指个体为了维护自身所认知和认同的权益与自尊——理性需求和感性需要，而对他方权益和权威或对自然人文与社会环境现状所采取相反言行和态度的一种行为倾向和心理活动状态，抵抗情绪较为强烈，通常表现为情绪的愤懑、言行的抗衡和抑郁情感的对立。从某种意义上来讲，逆反心理是潜藏在人类自身生存和发展过程中的一种本能，是人类自我修正、自我完善、自我提升，从而逐步适应自然环境和社会生活的一种生物属性，同时它也是个体心理成长发展过程中的一个必经环节，个体也正是在这种逆反状态，从而在自我反省的过程中逐步实现成长成熟。

"认同"（identity）是从西方引入中国的词，也曾被译为

"认定""同一性""身份""认证"等。而在哲学、心理学、社会学三个领域，对"认同"的研究是比较集中的。而心理学上所讲的认同，强调自我的确定性、统一性和连贯性，是一种人格，从而实现心理的协调统一、和谐完整。弗洛伊德最先在心理学的研究过程中使用"认同"一词。他在《同一性：青少年与危机》中提出，"认同"是青少年人格及自我形成的重要机制。他把人的成长发展过程分成八个阶段，每个阶段的人格都面临着一定的挑战与机遇，并试图通过自我调整适应以实现其发展，青年期所面临的矛盾冲突是同一性与角色的模糊混乱，属于第五阶段，这时开始出现认同危机或同一性危机。埃里克森将自我认同感解释成一种知道自己将会怎样生活和熟悉自身的感觉，"是一种自然增长的信心，即相信自己保持内在一致性和连续性的能力[1]"。

根据调查，我们不难发现，大学生逆反心理与个人、学校、家庭以及社会等多种因素密切相关。

1. 主观原因。一是心理因素。由于大学生正处于心理的"过渡期"，随着年龄和知识、阅历的不断增加，独立意识和自我意识也日益增强。这一时期的大学生会迫切希望摆脱成人的监护，确立自我的意识。他们不喜欢成人总是把自己当"孩子"，希望得到成人的理解和尊敬。在这种情况下，无论是老师还是家长的意见或建议都会被他们按照自己的意愿选择性地接受。当自尊心受到挫折的情况下，大学生为了表现自己的"非凡"，就对任何事物都倾向于批判态度，使他们做出异乎寻常的举动，以期引起别人的注意，显示自己独立

---

[1] 叶浩生：《心理学理论精粹》，福建教育出版社2000年版，第64页。

的个性。在这些独立和"反抗"的行为活动中,大学生的自尊心和成人感得到了变相的满足。如果老师和家长采取顺应的态度积极地支持他们的意见或者建议,就会增加他们的自尊心和自信心。

二是生理因素。生理上第二性征的逐渐成熟,也促使了大学生自我意识的发展和渴望独立的意愿。身高体重的变化、生理特征的成熟让他们觉得自己已经长大成人了,进而形成渐趋强烈的个性意识和独立意识,对老师的教育和家长指教有意无意地慢慢回避、反感甚至背离,进而形成叛逆心理。因为许多大学生没有经过社会的磨炼,认知水平偏差度还较大,认识较片面,看问题容易偏激走极端。

2. 客观因素。一是家庭因素。家庭中不同的教育方式会培养出孩子不同的心理品质和个性。简单粗暴地批评指责或传教士般地驯化,往往会事与愿违,适得其反。不当的教育方式,如对孩子期望值过高、要求过严,都会无形中对孩子心理形成压力,当这些压力不断积蓄、沉淀,便会在思想情感上产生抵触情绪,进而形成叛逆心理。如果在家庭中得不到应有的关心与关怀,也容易形成孤僻自卑的逆反心理。另外,中国长期的家长专制思想在一些家长中仍然存在,家长对子女的教育缺乏民主意识,很多父母把自己的想法和生活经验填鸭式地灌输给孩子,企图让孩子按父母的设想去生活,结果是父母要管教,子女闹独立,这样的话,矛盾必然产生,反抗行为在所难免。

二是学校因素。教育方式的不当和教育者自身形象的缺失也容易导致大学生逆反心理的形成。大学生在生理和心理方面都已经接近成人,其是非观与价值观也已经基本成熟,如果教育者不尊重大学生的心理感受与主观体验，盲目偏激地按照自己的方式方法和观点去处理一些大学生遇到的心理问题，就会导致学生自身对教育者的排斥，对正面教育产生消极影响，导致逆反心理的形成。另外，大学生"社会角色"意识的失落也会影响其健康心理的形成。大学生有着极其敏感的自尊心，在班级这个以学生为主体的小社会里，如果他们各自的主观意愿经常得不到满足，就会产生相应的消极对抗情绪。

三是社会因素。随着社会主义市场经济体制改革和对外开放程度的不断深入，人们的道德价值观念发生了天翻地覆的变化，特别是收入分配差距的拉大，贪污腐化现象的滋生蔓延，极端的个人主义与拜金主义观念盛行，人际关系复杂多变，市场竞争日益诡异多端，行业行规中的潜规则和不正之风愈加盛行，致使社会现实与所受教育的内容形成落差鲜明，导致大学生的思想意识很容易受到社会上一些不良思想或现象的煽动和影响导致走向极端。单亲家庭的学生一谈父母就色变，家庭经济困难的学生一谈钱就伤心，对未来和前途充斥着无奈和迷茫。另外泛滥的不良信息和功利思想也越来越多地影响蚕食着大学生脆弱的心理防线。对社会现实和理想未来心生疑虑，产生厌倦，进而形成逆反心理，徘徊在失落的边界，进而形成叛逆行为。

从心理学的角度来讲，大学生思想方法的形成是一种逆反与认同的判断过程。我们不难发现，在现实生活中，理论与实际的脱节不同程度地存在着。"逆反心理"是传统以直线平面的思维方式在现实生活中容易遇到障碍且遇到障碍后的简单回返运动。实际上是一种思维方式，并不是什么心理问题。在大学生这个特殊群体中也不例外,这样的思维方式也不同程度地存在着,阻碍了大学生形成正确的世界观、人生观和价值观教育的实际效果,使他们产生消极抵触思想。作为思想政治教育工作者和理论界的专家学者们,应对这一现象,应在大学生的成长成才教育过程中保持高度关注,通过多元多样的方式和教育手段来穿透、绕过或超越逆反心理,使思想教育工作得以收到更好的成效。

大学生逆反心理相关因素调查结果表

分类	例数(例)	百分比(%)
城市	425	55.3
农村	343	44.7
独生	456	59.4
非独生	312	40.6
单亲家庭	416	54.2
双亲家庭	352	45.8
家庭教育良好	283	36.8
家庭教育不良	485	63.2
师生关系良好	229	29.8
师生关系不良	539	70.2
性格内向	476	62.0
性格外向	292	38.0
有不良嗜好	447	58.2
无不良嗜好	321	41.8

逆反和认同是大学生思想方法形成与发展过程中最显著的心理特征。作为对客观事物的判断阶段，通过逆向思维的判断，或自觉的认同，从而产生新的思想方法，并使个体继续向前发展。经历了从逆反到认同的转变。大学时期，思想方法是其逐步迈向成熟的必经阶段，也是认识层次逐渐提升，个体思想不断深入的过程。只有经历了逆反到认同的转变过程，大学生才会对某个观点从心理上加以认同。

健康的心理心智与健康的体能体魄同等重要，大学生的叛逆心理总体上是在青少年时期形成的。其叛逆心理的成因，主要是由大学生自身生理和心理的成熟程度以及自身认知水平的高低以及外在的家庭、学校、社会环境等客观因素的影响逐步形成的。叛逆心理虽然说不上是一种非健康的心理，但当叛逆剧烈失去理智掌控时，却是一种不健康的心理，如果不及时加以矫正，长期发展下去对大学生的健康成长极为不利。

二 社会化方式的选择过程

大学生是社会中最需要社会化的群体，也是最容易社会化的群体。"人的本质不是单个人所固有的抽象物，在其现实性上，它是一切社会关系的总和。"① 社会是一种关系存在，大学生的社会化是其在求学期间通过参加社会实践活动中学习技能知识和规范规则等社会文化，从而逐步适应社会生活并积极作用于社会的过程。大学生社会化这一定义，既

---

① 《马克思恩格斯选集》（第1卷），人民出版社1995年版，第56页。

强调了社会因素对其社会化的控制、影响和塑造的作用,又强调了社会化的大学生对社会的积极影响。

人是一种社会性的动物。早在前328年,亚里士多德就指出:人在本质上是社会性的动物。1895年,德国社会学家齐美尔在"社会学的问题"一文中表示群体的形成过程就已使用"社会化"这一概念。所谓人的社会化,是指个体为适应社会生活而在积极参加社会实践中,学习技能知识和行为规范等社会文化,创造新的社会文化,积极作用于社会的过程。

人的一生就是一个社会化方式的选择过程,作为社会存在物,这就决定了人的自主性、目的性和能动性不是无限绝对的。个体要想取得社会成员资格,就必须通过学习社会知识,熟悉掌握并运用规范和技能,以适应不断变化发展的社会环境,进一步发展自己社会性的过程。习近平总书记在同各界优秀青年代表座谈时就明确指出,"人类的美好理想,都不可能唾手可得,都离不开筚路蓝缕、手胼足胝的艰苦奋斗"①。一个"自然人"要想成为"社会人",建立起个体的社会本质,就必须首先接受社会的教化。显然,人的社会化是相对个体的"自然性"而言的,是个人进入社会,成为社会成员的必经途径和必要前提。人的社会化方式的选择,从本质上来讲,是个体社会化本质在自身的建立过程,人正是通过进行社会化方式的选择过程从而获得了个体的实践性、意识性、社会性、能动性、自由性等诸多各种社会本质特

---

① 习近平:《在同各界优秀青年代表座谈时的讲话》,《人民日报》2013年5月5日。

性,实质上人的社会化就是人的本质的现实化。

对大学生来说,大学是实现其个体社会化的重要阶段,大学期间他们将初步实现从生物机体意义上的"自然人"向承担一定社会责任和适应社会生活的"社会人"的转变。大学生的社会化,是以校园文化为依托,在中学阶段社会化的基础上,不断学习知识技能与科学文化,主动融入社会、不断适应社会和服务社会的过程。

当代大学生思维极其活跃,他们有着自己独特社会化方式的选择。他们喜欢思考人生、探索社会,追求社会新思潮,对整个社会和世界充满了浓厚的兴趣,在大学生思想方法的形成过程中,许多新学科、新知识和新动态都会引起较为强烈的反响。然而,部分大学生思维方式过于简单,社会化方式的选择过程由于自身成长经验不足而缺乏客观的评价、理性的选择、真假的甄别能力,从而在行为中凸显出两种完全不同的倾向:一种是倾向于对当代西方思潮的盲目崇拜和认可,毫不犹豫地予以接纳、遵从;另一种是怀疑和否定在他们的思维特征中表现得较为明显,使他们产生了对社会莫名其妙的批判和对秩序、权威的拒绝倾向;这两种倾向给大学生社会化方式的选择造成了一定的偏差。具体来说,大学生社会化方式选择包括:能进行客观、恰当的自我评价与认识,形成批判性的思维方式,获得完整合理的知识结构,具有一定的敬业精神和创新意识,具备良好的心理素质。大学作为大学生跨入社会的最后准备阶段,其社会化方式的选择程度直接关系到他们走上工作岗位后的成败和我国建设中国特色社会主义的进程和全面建成小康社会的时间表。可以说,大学生社会化方式的选择无论对于社会还是个体的发展都有着十分重要的意义。

　　社会化方式的选择是大学生思想方法形成和发展过程中必须面对的人生抉择。当代大学生思想、心理特点社会化是对其个体成长成才的一种社会文化传承。政治社会化是对个体成为政治人的系统训练与教育。在大学生的社会化过程中，社会、学校、家庭和社区对其成长成才都有潜移默化的影响，而学校的影响举足轻重。大学生作为一个特殊的社会群体，有许多属于他们自己的特殊问题，如调整自己对新的学习任务与环境的适应冲突。理想与现实的矛盾冲突，对学习的适应与选择专业的矛盾，如何正确处理人际关系和学习、恋爱中的矛盾问题以及对未来职业的矛盾问题等，都是大学生面临的社会化方式的抉择。

　　可以说，大学生社会认识的个体化与个体认识的社会化的统一，是个性与共性、多样性与一致性的矛盾统一于大学求学期间的社会化过程。个体认识的社会化与社会认识的个体化在高等学校教学过程中得到统一，既是对当代高等学校教学的一种要求，也是高等学校教学过程的显著特点。在学科纷繁、专业林立的高等学校，必须彻底改变那种类型单一、千人一面的权威培养模式，建立与缤纷多彩的世界相协调的多样性社会化综合人才培养模式；与此同时，社会化对大学生在思想认知、情感道德、意志知识、行为能力上的那些最基本的要求，也必须努力达到。在个体认识社会化和社会认识个体化这两个方面，大学生若过分排斥某一方面而偏向另一方面，都会抹杀高等教育阶段社会化的特殊性，也都会使大学生思想方法产生错误的导向，难以适应社会的发展。

三 大学生与教育者的互动过程

在社会主义市场经济条件下，人们日益形成了民主、平等、公正的意识，因此新时期的大学生更加希望在社会生活中获得平等、公正的对待。他们日益希望在思想政治理论课的学习中，能够有平等、通畅地表达自己观点和思想的对话渠道和途径。在市场经济条件下，进入市场经济领域进行活动的人必须具有独立的人格和平等的社会地位，才能完成市场交易的活动。与此相适应，大学生越来越表现出在接受教育和判断是非的过程中，要求有通畅地表达自己思想、进行理论探讨和思想论辩的公正、平等的条件和机会，而对各种形式的带有说教、思想压制色彩的教学形式表现出很大的抵制情绪。可见，我们必须要给大学生提供一种宽松、平等、民主的学习气氛，同时给他们提供能够进行畅通的思想交流、争论和对话的学习形式。

社会主义市场经济提升了人们的自主、自立意识和创造精神，人们更习惯于通过自己的自主选择和创造精神，来发挥自身在学习、工作中的能动性和积极性。因此，大学生日益要求在思想政治理论课的学习中能有自主选择和发挥创造性的教学环节。他们在学习、生活和工作中更加依靠自己的能动性，更重视通过自己的判断、解决学习和工作问题。他们要求在学习上要有自主选择学习方式、内容的机会和条件。比如，更喜欢选择题的考试形式；要求马克思主义理论课要有必修课和选修课相结合的选课机制；除规定教材以外，要提供更多的可供选择的课外学习资料等。这些都有助于提高学生学习的创造性、能动性和热情。

教育是一种双边活动，大学生在这种活动中扮演着受教育者的角色，但不是完全被动的，他们的主观能动性决定着教育的程度和效果，正如苏霍姆林斯基所指出的那样"只有能够激发学生进行自我教育的教育，才是真正的教育"。

在思想方法形成的过程中，大学生与教育者之间的互动为其思想方法的加速发展提供了动力。从教育者传授知识给大学生到大学生将自己的见解回馈给教育者再到教育者和大学生之间互动都是其思想方法不断深入发展成熟的过程。在大学生与教育者的互动中，教育者根据一定社会的思想观念、政治观点、道德规范，对其教育对象施加有目的、有计划、有组织的影响[1]。一方面大学生接受这种教育者提供的思想和思维导向，促成自身来改进和提升其思想方法；另一方面教育者根据对大学生的教育效果进行经验总结，进而不断完善教育方式、方法等，使思想教育活动的效果不断巩固和提升。同时，大学生和教育者相互帮助，相互学习，形成一种互动互助的关系。

在互动过程中，自我教育是一个认识层面的飞跃，从本质上来看，是大学生认识自我和改造自我的过程。在教育过程中，大学生充分发挥自我教育的作用，将学校教育活动中教与学的矛盾予以积极转化，体现其学习的主动性。"一步实际运动比一打纲领更重要。"[2] 另外，作为受教育者，大学生个体间的思想意识可以相互传导及置换，个体之间相互联系、相互影响和相互制约，任何一个大学生个体思维方式

---

[1] 张耀灿：《思想政治教育学原理》（第2版），高等教育出版社2007年版，第15页。

[2] 《马克思恩格斯选集》（第3卷），人民出版社1995年版，第296页。

的变化都有可能影响整个群体的思维程度。教育者要在促进大学生思想认知和意志导向等方面形成合力,使大学生群体在互动中思想得以升华,教育者与大学生之间形成良性运行的互动机制,使大学生思想方法朝着科学的方向提升。

"人类作为'我'而存在,具有对自己的感觉和知觉、欲望和目的、情感和意志、思想和观念的'自我意识',即'觉其所觉''知其所知''想其所想'的意识。"[1] 在大学生思想方法的形成过程中,教育者是整个科学思想方法形成和发展的组织者、领导者以及执行者和设计者,是大学生科学思维方式导向的主动调控者和思想施加者,在大学生思想方法的形成和发展过程中,教育者起着主导性的作用,居于主导地位。大学生作为教育对象的角色,是科学思想方法的直接接受者和思维效果的最终体现者。大学生与教育者的互动关系在科学思想方法的教育过程中体现为一种互为主体的辩证关系,即他们双方在一定程度上,都是主体和客体的统一体。其一,在整个系统科学思想方法的教育情境过程中,两者的主客体关系都是比较明确的,如开展马克思主义唯物辩证法教育系列活动,大学生是客体的角色,而教育者则担任主体的身份;其二,两者的主客体关系并不是严格意义上固定不变的,就在正确建立和巩固马克思主义实事求是的思想方法,纠正形式主义和主观主义错误的思想方法而言,则大学生是主体的角色,教育者则转化为客体。大学生在担任整个科学思想方法培育活动的客体角色时,并不是完全消极被动地接受知识灌输,而是在进行"自我意识"和自我教育

---

[1] 孙正聿:《哲学通论》,辽宁人民出版社1998年版,第171页。

的基础上，积极主动地对思想方法的培育进行有选择性的吸收。由此看来，两者的双向互动关系辩证统一于整个科学思想方法的教育过程中。大学生思想方法的教育应是教育者和大学生之间的交流互动，这种互动就是教育者和教育之间的一种真正的思想和思维方式交流，"不能被简化为一个人向另一个人'灌输'思想的行为，也不能变成有待对话者'消费'的简单的思想交流……对话不能出现一些人代表另一些人命名世界的情况"①。大学生与教育者相互促进。在大学生成长成才过程中，传统的教育模式过于强调"灌输"，长期以来往往都是以教育者为中心，忽视了大学生与教育者的互动，大学生被边缘化造成思想教育效果不佳，没有让他们形成正确的思想方法导向。事实上，在思想教育活动中，教育者与大学生承担的任务不同，各自扮演的角色也不同，两者相互协调促进，共同促使大学生思想方法的形成和发展。

通过教育活动，在大学生思想方法形成的过程中，大学生也逐渐形成了符合一定社会所要求的思想品德。这一任务决定教育者所从事的活动是具有协调性、控制性和全局性的活动。如制订教育计划、选择教育内容和教育方法、具体的教育目标、收集和分析教育反馈信息进而调节教育措施以及开展教育活动等。大学生的"任务"则从属于一定社会所规定的教育目的，受制于教育者的任务，在教育者的指导下，通过充分发挥主观能动性，完善自己的思想品德，提高自身知、情、意、信、行的水平，不断健全和完善自己的思想

---

① ［巴西］弗莱雷·保罗：《被压迫者的教育学》，顾建新等译，华东师范大学出版社 2002 年版，第 97 页。

方法。

从教育学的角度来看,在教育活动过程中,教育者将书本上和自己积累的知识、经验、教训传授给大学生,在这一实践过程中,大学生逐步形成自己关于世界的独特看法和观念以及相对完善的思想方法体系,大学生在自觉和不自觉之间就已经运用这些知识于学习、生活中。可见,这个阶段是个体思想方法形成的主要阶段,对个体一生的影响也是根深蒂固的。教育者传授知识阶段是初级阶段,其上升阶段为学生对教育者的反馈以及大学生与教育者之间的互动阶段。

大学生反馈阶段。在多年的教育过程中,教育者的观念由于受到禁锢和以往经验的束缚,缺少对知识的质疑。而大学生思维发散性强,思想相对单纯,这两种对知识的不同态度的交流产生了新的思想方法。他们对事物的理解可能偏于现象化,但其实很多时候,一些自以为经验丰富的人却把一些事情小题大做。

大学生与教育者相互作用。教育者和他们在交流沟通过程中,他们反馈给教育者的观点会成为双方探讨的重点。教育者接受他们有借鉴、新颖的观点和思想;大学生根据教育者的指导纠正自己思想方法的偏差。在师生互相吸收借鉴的过程中各自的思想方法更加合理化,也对自己所持有的观点多了理论依据。这也是教育自身的魅力所在,因此,我们要尊重每个大学生的思想方法和新奇观点,不能一概抹杀。

"三人行必有我师",大学生和教育者之间的互动不仅存在于学校,更在生活、工作中,我们要虚心向他人学习。在日常生活中促使自身思想方法走向成熟,个体思想方法的进步必将推动人类思想方法不断向前发展。

此外，教育者的人格魅力并非一朝一夕就能形成，还需要不断地培养与积淀。每一位教育者都应该在工作过程中不断充电，不断提升个人素养和处事能力与思想境界，在受教育者面前适度彰显自身魅力，为他们提供榜样。

教育者一方面要成为受教育者的人生导师，多以重言来劝诫他们，在思想、学习和生活等诸多方面起到导向作用，用前人乃至自己的经验教训来教育他们，让他们在人生道路上少走弯路。但另一方面，人生道路不可能一帆风顺，一路平坦，让受教育者自己去体验一下失败的痛苦也未尝不可，教育者不必事事包办，剥夺他们自己体悟人生的权利。

坚持以教师为主导、学生为主体，采取师生互动的多种形式，共同探讨、研究、回答和解决时代、社会、人生所提出的难点、热点问题。这种教学理念要求传统的教学模式必须进行以下五个转型：（1）由既定的结论灌输，向研究问题、探索科学结论的"研究型教学"转型。（2）由单纯的教师授业解惑，向师生互动、共同探讨疑难问题的"互动式教学"方式转型。（3）由单一的教师讲授，向"多样化教学"方式相结合转型。传统的教学方式往往是教师一言堂、满堂灌，学生的积极性、创造性没有得到充分发挥的机会，这种教学方式显然不利于学生的能力培养和正确价值观点确立。因此，创造多样化的学习方式，如研读经典、对话研讨、论文撰写、社会实践等，才能大大激发学生的学习兴趣和热情。（4）由单一的学校课堂教学，向"学校小课堂与社会大课堂相结合"转型。（5）由传统的"千人一卷、千人一面"的应试型考核方式，向"以提升理论思维水平和注重能力培养为目标的考试方式"转型。上述建立研究型教学模式的新理念的确立,是进行新时期思想政治理论课建设和改革,提升其教学实效性和吸引力的指导思想。

第五章　大学生思想方法的主要特征

社会存在决定意识。当代大学生的思想意识深深打上了社会发展和时代变迁的烙印，其主流是好的，但也呈现出积极和消极的两面性。

当代大学生是标榜个性的一代人，有强烈的自主意识和求新意识。他们身上焕发着鲜明的时代特征和浓烈的时代气息，渴望着变革创新、自我实现。但作为独生子女的一代，当代大学生身上"以自我为中心"的痕迹也十分明显，凡事从自我出发，对于自我选择、自我发展的崇尚冲淡了传统的集体观念，讲求索取忽视付出，学生间的团队意识和合作能力还须进一步加强。

与常人相比，大学生的思想方法自身具有若干特征。在内容本质方面，其思想方法呈现出时代性、个性化和独特性等特点；在思想活动形式方面，大学生的思想方法呈现出多元、多样和多变等特点；在运行过程方面，呈现出主观与客观的磨合和悖逆与创新并存的特点。

第一节　内容本质的特点

不同时代大学生思想方法的内容本质，受时代条件的影响和局限，呈现出不同的特点，大学生思想方法的内容本质充满了强烈的时代色彩，每个历史时期都有其自身特有的规律和特点，这种特征在经济全球化、信息一体化时代表现得尤为突出和明显，国与国之间的交流日益频繁，人与人之间的思想互动增速，时代更加包容个性的存在，求同存异得到空前认可。

一　强烈的时代色彩

目前，我国正处在社会转型的特殊时期，改革的不断深入和对外开放的不断扩大，全球化进程的快速推进以及科技创新日新月异，使各种思想观念相互交汇、相互冲撞。在这样的背景下，大学生的思想动态也随之有所变化，真正要使大学生思想政治教育工作做得有实效，我们就必须结合当代大学生的思想特点来开展工作，否则教育工作将失去针对性。

当代大学生是亲眼见证中国在改革开放后日渐崛起并与之共同成长的特殊一代。2008年北京奥运会、2010年上海世博会、2010年广州亚运会的举办使大学生们真切感受到了祖国的强大，保卫圣火、担任志愿者等也使得大学生们更加成熟、更加富有民族责任感。但同时，由于改革开放和全球化浪潮的冲击，社会上的价值取向日趋多元，"一切向'钱'看""我爸是李刚""宁愿坐在宝马里哭，也不愿坐在单车上笑"等现象也使部分大学生思想混乱、信仰模糊、价值观功利化。而这一时期，世界金融危机、就业问题严峻、CPI 不断高涨等一系列问题也在考验着大学生的承受能力，他们中的一些人在拼搏中变得更加成熟和务实，但也有部分人在压力的挤压下出现了一些心理问题，心理疏导工作显得日益重要。

马克思曾经明确指出："统治阶级的思想在每一时代都是占统治地位的思想。这就是说，一个阶级是社会上占统治地位的物质力量，同时也是社会上占统治地位的精神力量。支配着物质生产资料的阶级，同时也支配着精神生产资料，因此，那些没有精神生产资料的人的思想，一般的是隶属于这个阶级的。"[1] 每代人都有自己的时代性格特质，时代会在我们身上留下深深的烙印，这其中有好坏之分。当代大学生正处在一个快速发展的社会转型时期，网络技术的飞速发展和网络环境的错综复杂，面对日益多样化的组织形式、经济成分和利益分配方式的多元，各种价值观念并存和文化多元化的整合与冲突，社会意识相互激烈竞争的新环境下，大学生思想方法日益体现出多样性、差异性和独立性。作为时代潮流指向标的当代大学生，其思想方法不可避免地被打上时代的烙印，凸显时代性。

大学生是一个充满活力与朝气的群体，他们走在时代的前沿，追新求异，紧跟着时代步伐，是时代的骄子。因此，对大学生思想方法的研究也要紧跟社会发展的步伐，赋予鲜明的时代色彩。经济新常态和国际新格局，是影响大学生思

---

[1] 《马克思恩格斯选集》（第1卷），人民出版社1995年版，第98页。

想方法的现实因素。利益因素从各种社会关系中日益凸显，市场经济改变了人与人之间的原有关系，成为影响个体选择和社会导向的重要因素。经济全球化条件下国与国之间的联系得到了空前加强，人们的交往活动不再限于相对封闭的地区，越来越多的人开始生活在日益开放的空间，思想观念的互动更加频繁直接。政治民主化增强了学生的自由平等意识和公正竞争意识，也提升了大学生的政治参与热情。以国际互联网为平台的信息生产、交流与共享的信息一体化，让大学生的活动从现实空间拓展到网络虚拟领域。大学生的交往活动已超越时空的界限，拉近思想交流和思维方式的距离；在网络交往中主体间的平等性获得空前增强，视野进一步开阔，主体性得到极大提高。这些正在不断变化发展的现实条件，以实际与理论相结合的方式直接影响学生的思想与行为[1]，是研究大学生思想方法必须正视和运用的时代内容与实际内容。

面对当前开放的社会环境，大学生的思想方法被打上了深深的时代烙印。时代，纵观中西方几千年的发展历史，我们不难发现每个历史阶段都无不渗透着其当时当地的元素，诸如原始社会的氏族部落文明，奴隶社会的奴隶主文明，还是封建社会的等级思想文明甚至资本主义社会的自由思想文明，都无一不被打上时代的烙印。

随着经济一体化、信息全球化的纵深推进，我国经济体制的深刻变革，利益格局的深刻调整，社会结构的深刻变

---

[1] 张耀灿、郑永廷等：《现代思想政治教育学》，人民出版社2006年版，第17—19页。

动,思想观念的深刻变化,大学生的生活情境、学习模式及交流手段等传统意义的一般行为发生了前所未有的改变。不同的经济形态决定着不同年代人的思维方式、价值观念和行为模式。大学生是时代的晴雨表,他们的行为变迁不仅反映了整个社会的发展轨迹,而且深深地打上了历史的烙印。

党的十八大指出:九十多年来,我们党始终坚持把马克思主义基本原理同中国实践和时代特征结合起来,取得了革命建设改革的伟大胜利,从根本上改变了中国人民和中华民族的前途命运。时代是思想的主题,时代性也是思想方法永恒的主题。人总是处于一个特定时代的人,是特定时代的"一切社会关系的总和",有鲜明的时代性[①]。

二 鲜明的个性特征

个性的形成和发展具有连续性,它不断发展,贯穿于人的一生。个体意识趋于强化改革开放以来,社会认可个体意识多样性的存在,这为大学生个体意识的强化提供了社会基础。突出个体意识,反映了大学生不愿被淹没在群体中成为无个性的人的心态。他们在认知、意志、情感等方面更注重自己的意识独立性,强调个性化,主要表现为不趋同,注重个性的独立。他们在思想、观念、生活方式以及自己的学习生活安排等方面,都表现出自身的个性。他们不局限于教师的教导,不满足于书本的条条框框,敢于用自己的大脑思考问题,用自己的眼睛观察世界。他们有较强的表现欲。他们

---

① 郑永廷:《社会主义意识形态发展研究》,人民出版社 2002 年版,第 197 页。

在各种活动中要显示自身价值的存在，敢于开拓创新，敢说敢干。他们有强烈的参与意识。当代大学生个体意识强化最明显的表现是强烈的参与意识，他们对事物的评价不仅停留在口头上，而且一有机会就身体力行。学校开展的青年志愿者活动、社会实践活动、勤工助学活动以及开展的辩论赛、演讲赛等，大学生都踊跃参加，这些都体现了大学生的强烈的参与意识。

对大学生个体意识的强化，相对过去的千篇一律、整齐划一和压抑泯灭个性是一大进步。但是，对于强化个体意识，如若置群体意识而不顾，不关心集体，不参加集体活动，把自己凌驾于集体之上；强调个体意识的多样性，而否认群体意识的统一性，并演化成极端个人主义，则是错误的。

大学时代是一个人思想成熟的关键时期，开始形成自己独立的世界观、人生观和价值观，对于社会和自身都开始形成独立的认识。但是，由于受制于年龄、学习习惯等因素，大学生对于社会、人生的认识还不健全，思维能力和认识能力之间很容易存在断层，往往根据自己并不健全的认识进行思考，而由于认识的片面会导致思维原始材料的缺乏，在此基础上的理性思维，往往因为基础的片面而导致结论的片面，思维的片面又容易引发思想偏激。

"90后"大学生是追求时尚、张扬个性的一族，"90后"大学生具有强烈的自我意识，由于大多数"90后"大学生是独生子女，他们在家庭中处于特殊地位，从小受到过多的呵护甚至溺爱，自觉或不自觉地形成了以自我为中心的价值观。他们的为人处世，往往以自我为中心，很少顾及他人的感受和想法；他们性情率真，说想说的，做想做的，表现自我毫不掩饰。当然，这种过强的自我中心意识，使得他们往往以自我为中心，将自己的利益放在第一位，甚至将自己的意志强加于别人；有相当多的"90 后"大学生不能很好地看待自己与他人、社会的关系，他们看不到自己的短处，自视甚高，自以为是，喜欢抬高自己，贬低别人；他们往往"严以律人""宽以待己"，不能很好地融入集体、融入社会。

个性独立，自我意识强，但责任意识弱。当今社会的快速发展进程，强化了个体在社会中的主体意识，突出表现为注重自我、肯定自我、追求自我设计。对思想和行为不再是简单盲目地顺从、模仿，而是对其进行质疑、思辨。学生主体意识的增强在有利于社会进步的同时，也使得一切以自我为中心的"本位主义"现象变得普遍，利己思想和行为盛行，集体主义观念淡化，社会责任感不强。

社会生活的发展、物质生活的丰富，极大地促进了人们发展自身个性的要求，因而，新时期的大学生也必然更加关注自身的个性发展和个性展示。与此相适应，大学生也必然要求思想政治理论课要关注他们的成长和个性发展的要求。社会主义市场经济给了人们充分发挥创造性、能动性的机会和条件，给了人们更多自主选择自我发展方式和内容的可能性，使人们享有更多的自主活动的时间、空间和交往的自由，这就必然大大促进了人们发展个性和展示个性的要求。

未来学家托夫勒指出，当代社会的特点是多样化和个性化，提倡教育个性化，就是尊重学生的兴趣、爱好，这就要求教师要深入调查研究，切实了解每个学生的每个方面，有的放矢地做工作，做到因材施教，使每个大学生都能获得最大限度的发展。

从哲学的角度看，所谓个性，是个体的特殊性，相对于群体的人的共性而言；从心理学的角度看，个性是指在具体人身上表现出个人相对稳定的心理特征。由于环境、遗传、学习和成熟等诸因素在人身上所起作用的不同，构成了个体与个体之间在某些方面（兴趣、价值观、性格等）的差异，这些差异成为人的个性。

所谓张扬个性，主要表现为：为个体发挥已具有的某些先天的生理优势创造条件，促进个体在相应领域形成特殊技能或能力；根据个体已具有的可能性，通过提供合适的条件，使这种可能性转变为现实性；在考虑国家和社会需求的背景下，尊重和培养个体的兴趣、爱好、理想、信念，促使个体的能力得到充分发挥，引导个体在尊重并遵守人类共同的基本的价值规范、遵守国家宪法和法律的基础上进行多元价值选择等。

大学生喜欢以自我为中心，个性鲜明，因为他们思维活跃，喜欢标新立异，表现自我，自我选择性较强和张扬个性。在大学求学期间，许多方面都有自己独特新颖的主张和见解，敢于坚持且勇于表达。当代大学生出生在改革开放的社会大环境中，他们善于接受新鲜事物，是最能反映时代变化发展气息的社会群体；另外，就个体成长的微环境来说，大学生的价值倾向和思想观念仍然摆脱不了家长和老师等传统观念方面的影响，且家庭结构以及教育方式的多样性也会影响大学生的自我思想认知和思维方式。因此，在当前社会条件下，大学生对自我认同就具有鲜明的个体性，而社会对大学生的界定却仍处在传统的观念中,因而就产生了两种定义之间的差异。

未来学家托夫勒曾指出,当今社会的特点是个性化和多样化,提供个性化教育,就要尊重学生的爱好和兴趣,这就要求教育者要深入调查研究,切实加强对每个学生各个方面深入细致地了解,加强思想方法的针对性,做到因材施教,使思想方法的培育都能符合自身个体发展的特点,让每个大学生能获得最大限度的发展和提升。

大学生的个别差异是不以人的意志为转移的客观存在。德国哲学家莱布尼茨曾指出:"世界上没有两片完全相同的树叶。""个性是指主体所具有的特殊本性。就是说,个性首先是主体的性质,它具有所应该具有的全部特质;同时,个性又不等于主体,它是以个体的形式表现了主体所具有的全部物质。"[1] 无论是对于个人发展还是社会发展而言,人的个性都具有很重要的地位。

大学生的价值观念和思维方式,都有着与众不同的特征,他们的精神追求和内心世界都有属于自己独一无二的密码。随着年龄的增长、社会阅历的增加和教育程度的不断提升,大学生在对事物的性质和规律的把握上,逐渐形成了自己当家做主的风格,有强烈的自我意识,有着自己独特的想法和主张。

在思想日益多元的背景下,当代大学生思想方法亦呈现多元化,个性因而得到了进一步的解放,更加突出和丰满。

---

[1] 阮青:《20世纪中国个性解放思潮研究》,华东师范大学出版社2004年版,第11页。

当代大学生是在理想、现实和虚拟三个世界的综合作用下成长起来的。他们所展示的理想信念、兴趣爱好、情感需求乃至情绪的变化等都需要我们用心"读懂读通"，才能走进他们的内心世界，更好地帮助和引导他们成长成才。大学生日益强烈的批判精神和独立自主意识是其个性特征的突出表现，其思想方法必然具有独特鲜明的个性特征。大学生是我国社会中最为活跃、最为敏感的群体，他们渴望独立，想要摆脱他人的依附，思考问题和解决问题时头脑较为冷静，能统筹和安排好自己的生活，自主做好人生规划，把握未来的航向，敢于承担责任[1]。作为一个独立的个体，急切希望得到社会和他人的尊重和认同。

个性化特征越来越鲜明。伴随着改革开放的纵深推进，个性特征多样化越来越得到社会的认可，这为大学生思想的个性化发展提供了前提，同时也使大学生的思想方法呈现个性化的特征。伴随着时代的进步和发展，大学生思想方法的个性化特征越来越突出，个性化特征的思想方法展示着大学生独特的风格和气质。气质或风格对于他们而言是一种重要的标志，大学生在成长过程中渴望有一种"差别性愿望"。通过彰显个性来凸显与他人的区别和差异，采用富有个性化特征的思想方法，他们崇尚冒险和新奇的体验，现代化的网络等新媒体工具大大地改进了大学生的个性表达方式，他们可以无国界，无时空约束地表达自己的见解和观点，传媒娱乐至上的精神也为大学生提供了参与的机会，如"星光大

---

[1] 谭德礼、江传月、刘苍劲等：《当代大学生思想特点及成长成才规律研究》，人民出版社2012年版，第16页。

道""梦想中国"和"超女快男"等各种选秀节目，把他们从虚拟的网络世界拉回到了现实中来，极大地调动了他们的积极性和强烈的参与意识①。

现代社会在某种程度上可以说是一个张扬个性、自由发展的时代，当代大学生比以往可以更加随意地选择自己喜欢的事物，谈论自己感兴趣的话题，接受自己喜欢的思想等。当代大学生自我意识强烈，他们中大多数来自独生子女家庭，从小享受着"饭来张口，衣来伸手"的溺爱，以自我为中心的价值观在其成长过程中得以自觉或不自觉地形成。他们的行为方式和为人处世，往往体现着以自我为中心的思想，其思想方法以个人为出发点来认识世界和改造世界。

没有个性，就没有创造性。保护和张扬个性是培养创新型人才的必由之路。一所大学之所以著名或具有影响力，很大程度上是因为它培养出了一大批出类拔萃和富有鲜明特色的人才。这就要求高校必须实施创新教育。我们现在所实施的创新教育的目的是使个体能够清晰地认识自己，意识到自己行动的目的和意义，并主动地支配自己的行动，使之符合于正确的目的和社会意义的能力，表现出自知、自主、自制的人格特征，形成一种创新精神。这种人格的特征和创新精神的核心含义在于，个人具有自觉的独立意识、独创精神和健康的自我意识，有独立思考、独立判断、独立行动和独创的能力，具有鲜明的、独特的个性，具有面向世界的创新意识等。因此，创新教育实质是独立人格教育，是张扬个性的

---

① 蔡骐、胡琼文：《电视剧文化对青少年价值取向的影响》，《湖南城市学院学报》2014年第2期。

教育，是创新精神的培养，而张扬个性是实施创新教育的最有效手段。

人的全面发展理论是针对人的片面发展而言的。按照马克思主义对全面发展的人的论断，他们应该是"会做一切工作的人""具有尽可能广泛需要的人"和"高度文明的人"。张扬个性是挖掘深层次的人的需要，张扬个性是人的全面发展的重要部分。因为只有经过人的个性的不断发挥才能有效地进行实践活动，才能创造社会所必需的物质基础和社会条件，更重要的是在这个改造客观的过程中，使得主体及社会成员得到改造和提高，实现人的解放。可见，张扬个性的重点在于人的自在自为的精神，实质是为了实现人的才能的充分展现。张扬个性的最根本问题还是人的全面发展问题，它是实施创新教育的最终结果。

在庆祝清华大学建校100周年大会上，胡锦涛同志寄希望于全国青年学生：要把全面发展和个性发展紧密结合起来，要坚持德才兼备、全面发展的基本要求，在发展个人兴趣专长和开发优势潜能的过程中，在正确处理个人、集体、社会关系的基础上保持个性、彰显本色，努力成为可堪大用、能负重任的栋梁之材。在高校大学生思想政治教育工作中正确地对大学生个性化发展进行引导，可以使大学生具备社会基本道德素质的基础上，使不同个性的同学，发展他们属于自己的个性，使大学生更加容易接受这种高校思想政治工作模式，更加有利于提升大学生的创新能力，更加有利于大学生的自我实现。在培养大学生共性的同时，发展大学生的个性是当前我国高校思想政治教育工作的必然趋势。

三 独特的求异求新

所谓人的独特性,就是人作为独一无二的个体不同于他人的特性,是个体区别他人得以存在的表征,也是个体发展程度的标尺。这种独特性表现在与他人的差异上,这种差异性的发展程度越高,个体的自我实现程度越高,个体就越不受外在影响,具有独立的思想和行为。创新教育就是要挖掘个体内在独有的不同于其他个体的特性,这就是创造性。创造性的外在凸现,就是体现出个性特征的张扬。现在高等学校实施的创新教育,就是鼓励新思想、新方法的产生。可见,如何张扬个性,如何进一步挖掘人的独特性,是创新教育需要着力解决的问题。

现代大学生个性中的求新、求异、创造性等比过去的大学生明显增强,这在很大程度上是社会发展导致的。现在是信息社会,信息传播速度快,如计算机技术、网络技术,从硬件到软件都是日新月异。我们成年人在这方面很容易扮演落后的角色,而大学生就不同了,他们接收和处理信息的能力比我们强得多,各种信息在他们中间传播的速度也比过去快得多。其中一个原因,就是现在的青年人的好奇心、求知欲、探索性、求新、求异的特性非常突出。

从个性角度分析,过去我们认为腼腆、羞涩不算缺点,可能还算优点,但是现在不同了,现代大学生知道,胆小、退缩的人,不容易在社会上被别人认同,所以他们崇尚大胆、自我表现,这也和商品经济社会的竞争加剧有直接关系。

思想方法独特性的时代背景。面对多元思想的传播,思想方法的选择更具独特性。在经济一体化、信息全球化的知识经济时代，当代大学生思想获得空前解放，通过对新媒体技术的运用，他们思想独特、思维新颖、思路开阔，比起父辈，他们对新事物的接受更加敏锐。在改革开放后的大背景下，他们接触到了更多来自世界各地的思维理念和思想方法，国与国之间的文化交流与交融使他们的思维视野不仅仅局限于国内，而是面向全球。大学生对新鲜事物的接受能力较强，他们敢说、敢问、敢想、敢做，有着大学生自己的世界观、人生观和价值观。

思想方法求异求新的独特性在具体行为的体现。大学生对一些事物和现象的理解和认识，不再唯家长、教师的说教是从，而是坚持自己的见解和看法，虽然不那么成熟，某些见解略显稚嫩或偏激，但独立思考已经成为思想方法的主要特征[1]。在对基本理论问题的认识上，能普遍接受教育者的诠释，但在对待问题的某些细节上，他们却有着自己独特的想法。大学生在新媒体上思想开放、方法独特、言论自由，公开发表自己对主流思想的看法，将自己的思想用"非主流"来形容和表达，与主流思想划清界限，显示出自己独特的求异求新。在微博、微信、QQ群、BBS论坛等虚拟平台上，他们通过自己独特的思想方法将喜怒哀乐在网络朋友圈散播开来，有时还能在舆论上引起哗然、形成群体效应，甚至能引发广大网民的关注。他们通过"恶搞名人""灌水名言""拍砖名事"等奇异方式来抒发自己的思想和感情，博取网民的眼球，同时将青春的孤独与迷惘，现实生活中学

---

[1] 陈哲力：《当代大学生思想方法基本特征及成因探析》，《现代教育科学》2008年第3期。

业、生活和工作的苦闷倾诉出来,通过自身独特的话语方式和虚拟行为来表达对现实的不满,构建属于大学生自我的话语世界。

伴随着西方文化的大量渗入,使中西方思潮产生了巨大的碰撞,特别是新知识、新技术和新理论的大量涌现增强了大学生的求新意识,他们主动接触新事物,学习新知识,敢于抛弃旧观念、旧思想、旧体制的束缚,主体意识、参与意识在不断加强。但带来的负面影响是责任意识的不断弱化,部分学生过于追求自我价值、自我实现,以自我为中心,忽视了社会的需要,不能把自身发展与社会需要联系起来,社会责任感与历史使命感逐渐淡化。

第二节 活动形式的特点

党的十八大报告指出:中国特色社会主义制度包括公有制为主体、多种所有制经济共同发展的基本经济制度,经济基础上的多元成分并存[①]。一元为主多元为辅的经济基础及其与之适应的上层建筑,也给大学生的思想方法呈现出了多元多样多变的特点。

一 活动形式多元

价值取向多元化。在发展社会主义市场经济和对外开放的条件下,各种思想文化的相互激荡,必然通过社会、学校、家庭等多种渠道向大学生辐射;面对这种"冲击波"的

[①] 胡锦涛:《党的十八大报告》,《人民日报》2012年11月18日第1版。

振动，大学生的价值取向呈现出多元化和分散化的趋势，而且充满了困惑、苦恼和迷惘。这是整个社会价值观裂变在大学校园里的典型反映。大学生价值取向多元化，集中体现在对个人事业的追求上，即除以满足社会客观的物质和精神需求为自身价值取向外，多数学生还将自身需求能否满足以及满足的程度为自身的价值取向。在政治、经济、文化等各个领域，他们都选择更能满足自身需求的奋斗目标，更注重寻求实现个人价值的最大化，更多地显示自己以求社会的承认，来体现自身价值的存在。

现在我们国家，多元化的政治、经济、文化、道德必然反映在人们的思想里。社会要求它的成员不断调整自己的观念，以适应变化着的环境，而在所有的社会成员中，大学生是最敏感的。他们最少保守东西，他们能最快地领悟到，什么样的行为最适应现代社会，而什么样的行为最不适应当今社会的变化。

面对多元化的社会，面对大学生们身上所表现出的时代精神，我们教育工作者确实需要好好思考一些问题，一个最重要的问题就是：面对迅速发展的国家和社会，我们的教育观念要不要作些转变？我们没有理由去固守教师权威的师生关系，应寻找新的与之相适应的师生关系，这就是本书探讨的教育工作者应树立新的与之相适应的学生观——尊重和平等的学生观，以激发大学生紧跟时代精神前进。

我国目前的阶层分化体现了利益分配方式的多样化导致人们思想观念的多元化。要引导大学生认识到阶层分化是社会政治、经济、文化发展的必然产物，它的出现有利于促进社会竞争机制的形成，有利于推动民族创新能力的提高，有利于加速整个社会的发展和进步。相对于过去的社会结构，我国当前的社会结构出现了一些新兴的社会阶层，他们都是建设有中国特色社会主义的重要力量。他们在推动我国经济发展的同时也大大缓解了我国的就业压力，为社会公益事业做出了重要的贡献。

与阶层分化相伴随而产生的就是各个阶层之间的经济差距增大，这使大学生的消费水平差距也日渐增大。经济基础决定上层建筑，来自富裕家庭的大学生通常乐观开朗，衣食无忧，在学习的目的上，他们多数是为了充实自己，提高修养，没有找工作的压力。来自贫困家庭的大学生大多有自卑情绪，内向，不愿与人交往，他们在学习目的上更看重通过学习获得一份好工作改变家庭的贫困。在这两个群体之间存在着隐性的矛盾，家庭贫困的学生会认为家庭富裕的学生不思进取，安于享乐，生活缺少目标。家庭富裕的学生会认为家庭贫困的学生性格孤僻，死板，缺少民主和创新精神。

当代大学生正在经历改革开放，他们深切地体会到了改革给社会和个人带来的影响。经济的发展，阶层的多元化，大学生的人生观较以往有了很大的不同。最明显的体现在他们对待生活的态度方面。改革开放以前的大学生，他们的经济生活水平不高，社会贫富差距也不大，他们时刻铭记中华民族所遭受的百年耻辱，把振兴祖国当作自己的责任，认为祖国的利益高于一切，责任意识、集体意识和社会意识以及民族荣辱感都很强。而在社会阶层发生分化的今天，多数大学生更重视个性的张扬，更喜好以自我为中心。他们中的绝大多数都是独生子女，一出生就是一个家庭三代人的中心，衣食无忧。因此，他们对待生活的态度少了些吃苦耐劳的精神，却多了份安于享乐的思想，他们少了些乐于奉献的情结，却多了份自私自利的心理。

随着改革开放以及社会阶层的变化，传统的价值观念越来越不能适应时代的要求，我国社会价值观念逐渐走向多元化。大学生作为思维活跃的高智力群体，有很强的感受力，因此，大学生的价值观念也受到影响逐渐形成多元化的格局。如今的大学生多为"80后"或"90后"，他们自我意识强烈，不喜欢约束，对于很多社会现象不能正确地理解，往往会陷入迷惘和困境，缺乏生活的目标；他们也具有很强的自立意识，希望摆脱家庭、学校乃至社会的约束；他们崇尚民主要求拥有自己的话语权；他们具有创新意识，推崇非主流文化。同时，网络也逐渐取代电视成为影响当代大学生价值观念的重要途径。

黑格尔曾经指出："就存在作为直接的存在而论，它便被看成一个具有无限多的特性的存在，一个无所不包的世界。这个世界还可进一步认为是一个无限多的偶然事实的聚集体，或者可以认为是无限多的偶然事实的聚集体，或者可以认为是无限多的有目的的相互关系的聚集体。"① 研究"无限多"的多元论的确有一定的"困难"，这种困难"既是思想上的，也是人类的和政治的，即在一个差异性再不能被忽视而且也不能靠'权威方法'达到团结的世界里，学会如何一起生活"②。

多元指事物的发展到了一个很丰富的境界，多层次、多

---

① ［德］黑格尔：《小逻辑》，贺麟译，商务印书馆1980年版，第135页。
② ［爱尔兰］玛丽亚·巴格拉米安、埃特拉克塔·英格拉姆：《多元论：差异性哲学和政治学》，张峰译，重庆出版社2010年版。

角度，有多种分类。胡锦涛指出："我国是各族人民共同缔造的统一多民族国家，我国各族人民的大团结具有深厚的历史渊源和广泛的现实基础。在漫长的历史进程中，我国各民族人民密切交往、相互依存、休戚与共，形成了中华民族多元一体格局，共同推动了国家发展和社会进步。"[1] 在漫长的历史发展过程中，中华民族多元一体的格局才逐渐形成和发展起来，这一过程也就是统一的多民族国家的形成和发展过程。党的十八大明确指出：我国是以公有制经济为基础的，允许非公有制经济存在的混合所有制经济形式，经济的多元必然引起上层建筑的一系列调整，多元经济成分的存在对政治文化社会等一系列方面产生影响，利益主体多元化反映到人的思想上就是思想趋向的多元化[2]，而不再是改革开放前自我封闭时单一思想的存在。思想的多元必然导致思想方法的多元，人们就会根据各自所处的不同经济社会地位来看待事物，形成各种各样的思想方法。在经济向纵深方向发展的今天，各种思想文化的碰撞，必然通过各种渠道直接或间接地影响大学生的思维方式；在这种"冲击波"的碰撞下，大学生的思想呈现出多元化和多样化的特点，这是整个社会多元思想对高校的影响。

我们说经济新常态、国际新格局的新形势，首先呈现的是经济新常态。"经济全球化所包含的破坏性力量表明，当市场经济走向全球化之时，当人们的交往达到一种真正'世

---

[1] 胡锦涛：《在中央民族工作会议暨国务院第四次民族团结进步表彰大会上的讲话》，人民出版社2005年版，第6页。

[2] 刘新庚：《现代思想政治教育方法论》，人民出版社2008年版，第9页。

界历史尺度'之时，人类的行为方式也就发生了一种根本性的变化。这种新的行为方式不可避免地要求一种与之相匹配的新的规范方式，而在步入经济全球化的今天，人们却还没有发生出一种与之适应的规范方式。"[1] 在全球经济发展形势不明朗的经济新常态下，由于世界各国国情和资源的差异性，才使得国际新格局成为可能。因此可以说，多元化的文化冲突与融合影响到现代社会生活的各个方面，它不仅引起大学生思想方法在活动形式的多元，更折射出政治、经济、文化和人类生活的诸多领域的多元，体现出多种作用和多重角色。世界呈现给我们的是一个文化形态日益多元的多彩世界，不同的文化孕育了不同的社会和不同的民族，人类的种种选择和行为都与此背景紧密相连。

现代社会呈现出思想交流交锋、文化多元多样的时代特征。现代社会是一个多元的社会，在多元的社会中，人的思想也呈现多元化，思想方法的活动形式也具有多元化的特征。大学生是社会最活跃的群体，面对多元化的价值观和多元化的社会，他们自然也会存在多元化的价值目标。目前高校原有的机械、简单、灌输的思想方法培育模式已无法满足学生的多元化需求，已经与现实社会的发展脱轨。只用一元的思想方法来培育和引导大学生思维发展，而忽视多元社会形态，效果肯定甚微。

当前，西方思想大量涌入国内，我国正处于发展与改革的价值阵痛期，社会价值观念出现急剧变化，对大学生思想

---

[1] 王南湜：《全球化时代生存逻辑与资本逻辑的博弈》，《哲学研究》2009年第5期，第23页。

方法的科学建立和发展产生了较为深刻的影响。当代大学生的思维方式和价值选择呈现多线条与多向度的特征，各种价值观念与思想意识交织在一起，发生激烈的碰撞与交流，价值观从内容本质到活动形式都出现了多元化的趋势。而原来的思想教育体系还未充分吸取多元的有益成分，仍处于一元为主的教育方式，甚至完全以一元核心价值观教育给学生进行强制灌输，尽管学校用大量课时对大学生进行集中讲授，也配备了许多兼职教师，但大学生对这种一元固化思想方法的培育教育存在着一定的抵触和逆反情绪。许多大学生甚至错误认为，马克思主义实事求是的思想方法只是共产党员要掌握的思想方法，法律只是一组远离现实生活、空洞的规则；部分大学生把爱国主义理解为一个抽象的概念，科学思想方法的"转化"和"融入"的目的并未得到有效实现，更新思想方法和探索新的思维方式已成为目前迫切需要解决的问题。

思想方法的活动形式是多元的。按大学生的学历层次划分，可分为博士研究生、硕士研究生、本科生和专科生，由于学历层次的不同，反映出大学生思想方法的活动形式也具有明显的多元性。由于社会经验和人生阅历的缺乏，大学生的一些心理和生理因素的变化状态很不稳定。在当前社会，存在着前现代、现代和后现代文化的共存交汇，中国古代传统文化、西方社会传入文化和社会主义文化交锋博弈，草根文化与精英文化、主流文化与大众文化还有亚文化的交融互动，形成了文化生态多元格局并存的现状。这些不同来源、不同背景甚至立场不同的文化观念在中国这一时空境遇下相遇碰撞，必然带来文化多元性与文化一元性的冲突和矛盾，引起人们思想价值观念的激烈碰撞。"文化的核心是文化最深层次的价值观",文化实质上就是"一个社会中的价值观,是人们对于理想、信念、取向、态度所普遍持有的见解"。作为社会文化积极体验者的大学生,也势必受到影响和辐射,引起其内心思想价值观念的博弈和冲突。当现实社会问题以个人观点庞杂、思想观念混乱、多元文化结合的形式体现出来,毫无疑问会引起大学生思想信仰和精神价值的模糊,从而使大学生形成错误的思想方法。

在个人事业的追求方面,大学生思想出现多元化,大学生的思想方法亦呈现出多元化特征。有的想国家之所想,急国家之所急,时刻怀着报效祖国的思想,将青春洒在祖国的边远山区,在大学期间广泛阅览知识,将自己的宏伟理想与祖国命运共进退;有的怀着一颗平常心,用辩证的观点来看待自己的人生,远离繁华的都市,服务农村,为新型城镇化贡献自己的力量;有的不甘于平凡,趁自己年轻去大城市打拼,开拓属于自己的天空。在政治、经济、文化、社会、生态"五位一体"的大框架下,他们都较为理性,紧密结合自身实际,实事求是,选择更能使自己成长成才的奋斗目标,追求个人目标的最大化,使个人目标与社会目标协调统一,从而实现自身思想的存在。

思想方法的活动形式是多元的。在当今中国,社会主义思想、中国古代传统思想、西方社会思想等的博弈交锋,主流思想与大众思想、草根思想与精英思想的交融互动,构成了多元格局并存的思想生态。这些不同背景、不同来源,甚至不同立场的思想观念在中国这一时空境遇下相遇,必然带来思想差异性与思想同一性的矛盾和冲突,引起人们价值观念的碰撞。大学生作为社会思想的积极体验者，也势必受到辐射和影响，引起其内心价值观念的冲突和博弈。当现实社会问题以多元思想、思想观念混乱、个人观点看法庞杂的形式体现出来，毫无疑问会加剧身在其中的大学生的价值混乱，引起个人信仰和精神的迷失。

在发展社会主义市场经济和对外开放的条件下，各种思想文化的相互激荡，必然通过社会、学校、家庭等多种渠道向大学生辐射；面对这种"冲击波"的振动，大学生的价值取向呈现出多元化和分散化的趋势，而且充满了困惑、苦恼和迷惘。这是整个社会价值观裂变在大学校园里的典型反映。大学生价值取向多元化，集中体现在对个人事业的追求上，即除以满足社会客观的物质和精神需求为自身价值取向外，多数学生还将自身需求能否满足以及满足的程度为自身的价值取向。在政治、经济、文化等各个领域里，他们都选择更能满足自身需求的奋斗目标，更注重寻求实现个人价值的最大化，更多地显示自己以求社会的承认，来体现自身价值的存在。

二　活动形式多样

青年是时代的表征，是社会变迁的风向标。在全球化、信息化、网络化和知识经济的背景下，"90后"大学生思想得到比以往任何一代人更大的解放，他们思维极为活跃，想法新潮，视野开阔，通过接受的系列教育和开放的多元媒体，使得"90后"大学生比自己的父辈更加见多识广。改革开放后所处的相对宽松和开放的社会环境，使"90后"大学生接触到了比前代人更多的来自东、西方先进国家的思想和理念,各种文化间的碰撞与交融让他们视野开阔、见识广泛。他们接受新事物的能力强,敢想、敢问、敢说,也由此形成了与前代人迥然不同的人生观、世界观。

在知识爆炸的时代,"90后"大学生每天都面临着新的技术、新的理念、新的思潮的冲击。在互联网络高度普及的今天,他们的触角可以延伸到世界上的任何地方,从网络中获得大量的信息和知识。迅速崛起的信息高速路,优越的物质条件使得可以连接网络的智能手机、笔记本电脑等电子设备成为"90后"大学生的必备之物,他们可以随时获取信息。强烈的求知欲和宽广的信息平台使他们成为新事物的热衷者和追随者。不论走在路上、等地铁的空闲,还是排队时间……他们时时刻刻习惯性地轻松自如地接收各种信息来充实自己大脑中的信息库。"90后"大学生是注重信息容量的一代,在他们心目中,只有上通天文、下通地理、中通人情的人,才是最值得佩服的偶像。所以"90后"大学生更像是个万事通。

"90后"大学生消费观比"70后"、"80后"更加超前、洒脱、时尚,他们更加注重生活质量,乐于消费享乐,且紧跟时代步伐。他们更在乎喜欢不喜欢,是否个性时尚,是否舒服享受,这成为他们消费的决定因素。从穿着打扮来看,他们时尚新潮,张扬开放,个性化十足,以"达人""潮人"甚至"雷人"为荣。他们不认同前辈们"勤俭""艰苦朴素"的思想和价值观,"今天花明天的钱","及时行乐"似乎更为他们所认同。我们不能否认"90后"大学生消费观中合理性的一面,但也应该看到,很多"90后"大学生在生活中习惯了大手大脚、名牌服饰、豪华手机,他们攀比的是奢华之风,对勤俭嗤之以鼻,这对周围同学的思想造成了负面影响,助长了物质高于一切的拜金主义思想。这也是应该纠正和引导的错误的消费观。

多样性是自然界和社会发展过程中的普遍现象。唯物辩证法指出,多样性的社会思潮是一种客观存在。当今社会,思想文化交流空前活跃,东西方思想观念相互交织,各种思潮竞相涌现,活跃的大学生思想表现出的差异性也日益增强。市场经济实际、功利的思想渗透到教育理念当中,间接加剧了学生价值观念的物质化及精神层次的匮乏。

多样指多种样式。思想方法的活动形式是多样的,必须掌握其共同本质和主导方面,社会思想的多样化反映了社会生活的多样化。在社会发展的过程中,竞争意识、平等意识、自主意识、效率意识和民主法制意识等都起到了有效的促进和推动作用,同时也应该看到它们对社会主义理想信仰的建设,对坚持马克思主义在意识形态领域的一元化指导地位带来的机遇,同时也提出了挑战。古希腊思想家莱布尼茨说过:世界上没有两片完全相同的树叶。这说明多样性是绝对的,不要回避和否认事物的差异性。马克思主义唯物辩证观认为,物质形态具有多样性,意识形态也具有多样性,而统一性是以多样性为前提的。

思想领域从来都不是一个真空的领域。当前,大学生思想方法面临着全球化的挑战。经济全球化时代,国家、民族间的政治、经济、文化等各种形式的交流和活动以空前的广度和深度全方位、多层次展开。不同国家和地区的价值观念、制度体系与生活方式的相互影响日益加快。而当代大学生思想、观念、信仰等表现出多种多样的情况,如以往学生的思想、观念、信仰都与社会主义连在一起；而当代学生的思想、观念、信仰等表现出既有社会主义，也有资本主义，也有宗教，还有迷信的东西。

思想方法的活动形式是多样的。社会思想的多样化反映了社会生活的变化多样，竞争思想、平等思维、自主思想、效率思维和民主法制思维等虽然对社会发展起到了重要的促进和推动作用，但同时也必须看到它们对社会主体理想、科学思想方法、主流思想导向也存在一定的影响，对坚持马克思主义实事求是的思想方法在意识形态领域的一元化指导地位提出了挑战，必须用马克思主义科学思想方法加以引导和主导。

包容多样、尊重差异。纵观古今社会思想文化的发展繁荣，都无不如此。春秋战国时期"百家争鸣"的文化繁荣，东汉的"独尊儒术"导致的文化衰退；唐朝兼收异域文化而形成灿烂千古的盛唐文明，清朝闭关自守，以致积贫积弱，落后挨打。对于纷繁复杂的社会多元思潮，历史经验告诫我们，必须要包容多样、尊重差异，并加以积极主动"引导"。马克思主义唯物辩证法指出，多样性的社会思潮是不以人的意志为转移的一种客观存在。当前各种社会思想观念交错复杂，社会思想空前活跃，各种思潮不断纷纷涌现，大学生思想方法活动形式的差异性也日益明显。市场经济功利、私有的思想渗透到大学生思维教育理念方式当中，间接加剧了大学生思想价值观念的精神匮乏及物化意识。家长在乎的是孩子的学习排名、特长热门、考试成绩和就业前景，而忽视孩子的人格健全、德性培养、道德养成和个性发展。而学校原有的实用化、模式化的教育思维导向，使"养成就职者之资格"的场所取代"养成学问家之人格"的殿堂,多少具有生命冲动的大学生被训练成了目光短浅的功利实用主义者。在这样的现实环境与教育相互影响和制约下,大学生过多地被社会现实所牵绊,终日被困于名缰,被缚于利索,为了物欲满足、生存竞争而忙忙碌碌。渗透在原有错误思想方法教育之中的物化价值观念,日复一日地冲刷着大学生思想精神世界的科学与理想,对生命存在价值与意义的探寻开始旁落,对幸福与精神愉悦的追求变得淡漠,加剧了思想精神生活的失序和失衡状态。

"同一性危机"是"青春期的心理社会方面",美国心理学家埃里克森认为,他们被要求面对不同人扮演不同的角色,并在这种混乱中获得同一性,"成为自己"。在社会环境不断变化发展的大前提下,大学生的思想行为和方法也随之不断发生变化,呈现出各种新的特点。

三 活动形式多变

当代大学生接触新事物多、信息面广、思维敏捷。大学生思想特点日趋多样性,而其影响因素也错综复杂。同时,整个社会也处在一个复杂多变的状态,要想适应社会的发展变化,大学生自身思想方法只有紧跟时代的步伐才能得以提升。大学校园并不是封闭的,"象牙塔"并未与世隔绝,大学是半个社会,大学生不可避免地受到社会各种思潮的影响。以大学生所积累的人生阅历,尚不足以把握事物的本质,思维难免周全,方法难以驾驭。大学生心理发展的不成熟,如依赖与独立、自卑与自尊、封闭与开放、现实与理想等,这些内心矛盾和冲突常会打破大学生的心理平衡状态,引起情绪和情感的波动起伏。所以，对所面临的各种问题在不同的时间、地点和环境之中，其思想方法也是多变的。

大学生思想相对单纯，甚至充满天真和幼稚，认识较为肤浅；理想、信念层次较低，而且鉴别能力较差，观察问题和分析问题不够成熟；且易受外界的影响。他们对周边的人和事比较关注，喜欢发表自己的看法，善辩论、爱思考，用自己的实际行动来维护心目中的真善美；情感体验丰富且深刻强烈，感情外露于形，喜、怒、哀、乐溢于言表，受外界刺激而易冲动，感情用事，事后又多懊悔；情绪呈两极化起伏波动趋势，时而兴奋激动，时而忧郁消沉，甚至对生活失去信心。

情绪情感和周围环境容易引起大学生的思想变化。即便是面对同样的人、同样的事、同样的物，在不同的时间、地点和环境下有着不同的思想方法，说明其思想观念仅停留于表面，尚未内化，由此展现出思想认知上的非理性色彩[①]。同时大学生的思想认识具有多变性，大学处于人生的跨越阶段，其思想观念缺乏稳定固化，往往因某人某事而发生改变，一次名人演讲、一次学术讲座、一本触动心灵的书籍、一部触及内心灵魂的电影或一场天灾人祸，均可对大学生产生强烈的情绪情感上的波动，甚至影响其一生的思想认知和思想方法的变动。

社会在发展，时代在进步。每一代学生所处生活环境不同，个性特点也不同。大学求学时期是大学生一生最不稳定

[①] James Leming. *Social Studies Research and the Interest of Children*. Temple University Press, 1998 (9): 35.

的时期，由于接触面的拓展以及角色要求的不断变换，再加上社会流动节奏变化的加快，大学生常常对自己目前的状况感到不满，产生自我认知不确定等各种心理状态，不确定"我到底该怎样""我是怎样的"。因此埃里克森将自我同一性看作大学生求学阶段最重要的任务。同时大学生在求学过程中，由于脱离了原有的学校、家庭进入新的社会环境，参与思想认知与评价的社会力量发生了较大变化，通过社会比较和他人的态度得知"我是怎样""我是谁"的思想认知会在时间上出现断裂，导致对现在、过去乃至未来的连续认知发生偏差甚至中断。此时思想认知出现了差异，必然会产生对自我的不确定性（当然也包括对社会的质疑），进而产生不安的情感，陷入焦虑与混乱之中。

　　大学生思想方法的活动形式是多变的。他们思维敏捷、充满朝气，但如果没有循序渐进的正确思想认识，很容易犯急于求成的毛病。瞬息万变、纷繁复杂的现代社会是一个大染缸，大学生生活在"象牙塔"里并非与世隔绝，所以不可避免地受到社会各种思潮的影响，思想上容易失衡和迷茫、脱离实际，难以全面把握事物的本质，容易受外界左右。大学生思想方法的发展变化易受周围环境和自身情绪情感的影响，在不同的时间、地点和环境下对同一事物就会有着不同的思想价值判断，说明其思想方法尚未内化，仍浮于表面，由此非理性色彩在思想认知上呈现出来。大学时期处于人生成长的特殊阶段，其思想认识具有多变性，往往因某事某人而发生急剧变化，思想观念尚未固化稳定。因此，一场演讲、一本书、一次讲座、一部电影或一次突发事件，均能使大学生产生思想情绪情感的强烈波动，从而引起思想认知的变异①。大学生具有青年人共有的思想情感和情绪特征，他们思想情感复杂、丰富且不稳定，对事、对人和社会现象都十分敏感并且相当关注，对爱情、美、正义和友谊等追求十分执着，爱辩论与思考，甚至为维护心目中的真善美而采取具体行动；他们的思想情感体验强烈而深刻，情感容易外露，喜、怒、哀、乐常容易从表面就可以掌握，但在外界刺激下容易产生冲击而发生改变，仅凭情感思维用事，过后又懊悔不已；思想情绪起伏波动较大，呈两极变化趋势，时而激动兴奋如火山爆发，时而忧郁消沉，甚至有可能产生对生命的怀疑。此外，大学生这一群体由于其独特的知识结构和社会地位、生理特点以及心理发展状况，使得他们的思想情绪和情感思维具有鲜明的特点。

大学生获取各种思想信息手段渠道途径多，信息良莠不齐，加上自我辨别能力较弱，且受正处于个体"心理断奶期"的影响，致使其心理易冲动、思想情绪易波动、思想行为易变动，思想方法的活动形式问题随时出现变化。所以要对其进行科学的思想方法加以引导和培育，使在多变的过程保持不变的主体。

随着信息手段和网络技术的日益发达，互联网成为一个极大的信息宝库，拥有的信息容量是任何传统媒体无法比拟的，囊括了学术信息、经济信息、娱乐信息及各种各样的社会新闻。对于当代大学生而言，其所处的年龄阶段和知识层次，使他们渴求了解世界，了解一切他们未知的知识，而互

---

① 张小飞：《高校思想政治理论教学与大学生思想政治工作》，西安交通大学出版社 2005 年版，第 50 页。

联网丰富而新鲜的信息在很大程度上满足了大学生的学习需求。而开放多元的社会也为当代大学生的成长提供了许多选择的机会,为大学生展示自我能力创造了更广阔的舞台,极大增强了大学生对新事物、新知识的学习兴趣和善于创造新事物的意识。但是,也相应带来了比较突出的问题。一方面,互联网已经成为大学生在大学生活不可缺少的部分,在网络上聊天、购物、玩游戏,打发学习时间。同时,完成作业靠电脑,不再用笔和纸,弱化了汉字书写。手机也成为大学生不可或缺的通信工具,由于手机功能的增多,上网聊天、查询知识也成为必不可少的工具,使得网络技术逐渐形成大学生的依赖工具。另一方面,由于网络信息监管机制不健全,互联网上的信息泥沙俱下,加上大学生生活阅历不深,与社会接触不多,缺乏社会政治经验和社会实践的锻炼,对许多复杂的社会问题的看法往往简单化、片面化,很容易被网络和社会的一些错误观点、言论引导而误入歧途,更会被网络的一些不良信息毒害身心健康。因此,表现出当代大学生的思想中缺乏对事物进行独立深层次思考的意识和主动辨别事物真伪的意识。

当代大学生个性特征强,但心理承受能力和心理调节能力较弱。当代大学生的个性日益鲜明,突出表现在大学生的独立意识、自主意识和较强烈的批判精神。随着年龄、社会阅历、教育程度的不断增长,大学生对于事物的认识有自己的看法和观点,逐渐形成了独立自主的品格,其自我意识明显增强。他们渴望摆脱对他人的依附,其追求独立的动机越来越强,且能冷静地思考问题和自主解决问题,能自己统筹和安排生活,自主规划人生,把握未来的航向,敢于承担责任。作为一个独立的人更渴望自己得到社会和他人的认同。同时,大学生在认识社会过程中,发现现实社会与自身的理想社会存在较大的偏差,对现存的事物会产生不满情绪,对某些不合理的社会事件都倾向于持批评态度,在行动上也有很强的反抗性,体现出大学生自身强烈的批判精神。

第三节 运行过程的特点

人类在其漫长的进化过程中,思想方法自身也是在不断发展和成熟,有着一定的规律可循。大学生认识世界和改造世界的过程,所采用的方法在运行过程中也是有规律可循的,根据我们的研究,大学生思想方法的运行过程中呈现出主观与客观的磨合、悖逆与创新共存的特点。

一 主观与客观的磨合

主体性是指人作为对象性活动的主体所具有的本质特征,是作为认识主体的人在处理外部世界关系时表现出来的一种功能特性,是人在创造自己历史的活动中所表现出来的能动性、独立性和自主性。马克思指出,人的存在是自然存在、社会存在和精神存在的统一。马克思一再强调:"人始终是主体",[①] 新时期大学生的主体性,从表面上看是强主体性;从本质上看是不确定性,表现为没有稳定的自我意识、发展目标和价值信仰,实际上就是主体性的缺失。因此,大学生的主体性是表面上的强主体性和实质上的弱主体性的矛

---

① 《马克思恩格斯全集》(第 42 卷),人民出版社 1982 年版,第 130 页。

盾混合体。

能动性是主体在实践活动中表现出来的一种积极的、主动的特性，是人的主体性最基本的内涵，也是主体认识客体的前提，是人的基本特点。社会学德育论者班杜拉认为，认知并非刺激—反应的简单结果，而应强调环境、行为和人的交互作用。这表明人的思想认知具有能动性。皮亚杰提出主体的能动性表现在两个方面：主体活动的内外化双重建构、主体对客体的同化与顺应的双向处理机制，这说明主体不是消极的；主体不断发挥能动性是获得认识的客观性的必要条件。独立自信，要求平等，思想活跃，追求个性发展，价值选择多样，有较强的平等意识、法律意识和自我保护意识，要求自己的人格能够得到尊重，这是新时期大学生思想认知能动性特征的重要体现。此外，由于网络的普及和教育民主程度的提高，传统的教育模式和学习模式发生改变，大学生获取信息更加快捷，知识更加丰富，对自己的人生表现出的信心和理性远超过他们的前辈，在知识结构上的复杂和多样性远远超越了以前，在某些方面可能比老师知道得多，信息的极大丰富和创造力的提高，使得他们渴望成熟独立，希望能跟老师进行平等交流，而不是被动接受单向的知识和观念灌输。

人的主观能动性是指主体在与客体打交道的过程中所表现出来的积极性。它是人的全面发展最根本的特征，也是全面发展的核心和精神实质。主观能动性是主体性的核心。所谓人的主观能动性意味着个人的思想和行为并不受外部力量或原因所左右，能够通过独立的合理性的反思形成自己的打算和目标，自由地作出选择。他不盲从、不犹豫、不依赖别人,敢想敢做,充满生气、自觉、自信,是一个能动、自由的人。发展学生的主观能动性就是要让学生张扬个性,发展学生的主观能动性的教育就是要实施创新教育,它是张扬学生个性的最重要表现,同时也是实施创新教育的重要价值取向。

大学生在实践过程中只有让自己的思想方法符合客观事物的发展规律,才能达到预想的目的,否则,就容易导致失败。因此,正确理解客观规律性和主观能动性的关系,在实践和理论的运用上是一个非常重要的问题。对于这个问题,我们仍需要用马克思主义唯物辩证法的观点去把握和思考。德国教育学家费希特曾说过:大学教育的首要目标不再是传授知识,而是让学生拥有自我决定的能力。

人们要想在实践过程中达到预想的效果,就必须让思想符合客观事物的发展规律。因此,正确理解主观能动性和客观规律性的关系,在理论和实践上都是一个不可回避的问题,要用辩证唯物主义的观点去把握和思考。

主观与客观的互动磨合是思想方法运行过程中的一对基本矛盾,其反映在思想方法运行过程中大学生主观认识世界和改造客观世界之间的矛盾运动。人们在认识世界和改造世界的同时,必不可缺的是主观能动性和客观实在性。通过主观和客观的紧密结合,从而达到人类利用自然和改造自然的目的。马克思主义哲学中所包含的辩证唯物主义和历史唯物主义,都是遵循"物质第一性,意识第二性"的观点和客观决定主观的规律,主动反作用于客观的辩证法则[①]。大学生

---

① 《马克思恩格斯选集》(第1卷),人民出版社1995年版,第144页。

在认识世界和改造世界的方法运行过程中，都遵循着思想方法成长发展的运行规律，面对纷繁复杂的客观物质世界，大学生充分发挥主观能动性，结合自身实际和成长经历，形成自己的思想方法。并在"实践—认识—再实践"的循环过程中，通过主观与客观的磨合，不断完善健全自己的思想方法体系。

在思想方法形成过程中，大学生通过发挥主观能动性对客观世界施加影响，客观世界接受主观能动性的影响并反作用于大学生思想方法的运行，以实现其主观与客观的双向互动。由于大学生所处的生理和心理阶段，生活阅历尚浅，实践经验不够丰富，对周围的人、事物尚处于感性认识阶段，即使是面对同一事物所表现出来的主观思想也存在较为明显的差异。所以这一系列的特征表明大学生思想方法在主观上还不能很好地与客观实际相磨合。而这一矛盾将贯穿于其思想方法运行过程的始终，推动着大学生思想方法的不断健全、完善和成熟。

毛泽东对人的能动性特征进行了概括："思想等等是主观的东西，做或行动是主观见之于客观的东西，都是人类特殊的能动性。这种能动性，我们名之曰'自觉能动性'，是人之所以区别于物的特点。"[①] 主、客观的双向互动磨合推动着大学生思想方法运行的进程。大学生作为思想主体，并不完全处于被动地位，他们能充分发挥主观能动性和积极性，通过不断地认识世界和改造世界，大学生主观与客观不符受挫后，就会调整思想方法，重新思考，使思维方式遵循

---

① 《毛泽东选集》（第 2 卷），人民出版社 1991 年版，第 477 页。

客观变化发展的规律,最终达到主观与客观的磨合,实现思想方法的优化与提升。

实践出真知。大学生思想认知还具有实践性特点。"为了实现思想,就要有使用实践力量的人。"① 实践是理论联系实际的有效途径,也是把理论学习引向深入的重要环节。实践对于大学生了解社会、了解国情,增长才干,培养品格,增强爱国情感和社会责任感,具有不可替代的作用。而大学生最缺的是实践锻炼,通过引导大学生积极投身实践,通过耳闻目睹、触摸社会这个大课堂的深刻变化,可以使大学生把科学理论与生动的社会生活联系起来,把党的功绩与国家的发展变化联系起来,把远大理想与扎实奋斗联系起来,从而进一步坚定理想信念,进一步加深对马克思主义理论的理解,真正领会马克思主义理论的精髓。

二 悖逆与创新的共存

"逆反心理"是指个体对象在接触到某一事物后,由于这种事物超过了个体感官接受的阈限,使个体产生的一种怀疑、反感和厌恶的体验。② 大学生正处于"心理性断乳期",这个时期是心理、生理快速成长期,生理发展与心理发展不平衡,最容易产生逆反心理。具体表现为他们思想的盲目性、片面性、极端性和排他性。

逆反心理是大学生具有的共同心理特点,但是相对于以往大学生而言,当代"90后"大学生的逆反心理显得特别

---

① 《马克思恩格斯全集》(第2卷),人民出版社1995年版,第152页。
② 任桓熠:《大学生思想政治教育中的逆反心理及其对策》,《今日南国》2009年1月总第145期。

突出。逆反心理的产生有其主观和客观原因，主观上主要是由于当代大学生的生理和心理发展不平衡以及他们思维的快速发展，导致他们对外界事物的看法比较极端和偏激。相较于主观原因，当代大学生的逆反心理更多地受到客观环境的影响。客观环境主要是家庭因素和社会环境因素。在家庭中，家长在对子女进行教育教导时，许多家长经常不断地重复着规范和要求，子女对这种机械的语言重复早已淡漠，易产生逆反心理，加之外界各种途径的不良思想入侵，家长没有及时引导和开导，导致他们产生现实与想象不相符，从而产生心理的逆反；社会环境因素主要是网络等新媒体以及大学生学习、生活所处的学校氛围对他们心理的影响。当他们接触到网络上的一些不良信息或者受一些不好的氛围的影响，而他们自己又不能分辨这些信息的好恶时，他们就很容易丢掉自己原有的认识而接受这些不良信息，从而产生心理的逆反。

　　逆反心理的形成是一系列的心理活动过程的结果，它的产生是在大学生受教育的过程中，对一些不理解的特别是具有外在强制力的信息与原有的认知结构中所存储的知识内容、态度加以比较所产生的疑惑、焦虑和烦恼情绪。当这种情绪积累到一定程度时，逆反心理就会逐渐转化为一种逆反行为。逆反心理对大学生的成长有着诸多负面影响，但是，逆反心理对大学生的成长也有一定的正面作用，它有助于大学生选择多种思维模式和行为模式，有助于大学生摆脱旧的条条框框的束缚，有助于抵制错误思想对大学生的影响等。因此，对于"90后"大学生的逆反心理，不能片面地加以否定，而应该采取合理的方式对其进行引导，扬长避短，促进大学生的全面发展。

悖逆,即违背正道,偏离正确方向。悖逆心理是一种行为倾向和心理活动状态,指人们为了维护自尊——理性需要和感性需求个人所认知认同的权益,而对他方权益和权威进行有意识或无意识的抵触,他们对自然人文环境与社会现状不满,通过逆反的言行和态度来表达情绪的愤懑与抑郁。从某种程度上来说,悖逆心理是人类自我修正、自我完善、逐步适应社会生活和自然环境的生物机能,属于人类自身生存过程中的一种潜在性本能,同时它也是个体心理成长过程中一个不可逾越的潜移默化和自我超越的阶段,个体也正是在自我反省和不断的悖逆中渐渐成长成熟起来的。

和健康的体能体魄相比,健康的心理心智在当下显得更重要。在青少年时期大学生的悖逆心理总在家庭环境、学校氛围、社会环境等客观因素的影响下,大学生自身生理和心理的成熟程度与其认知水平的高低共同作用而形成。从心理学的角度来讲,悖逆心理是一种健康心理,如果悖逆过度脱离了理智而失去控制时,就变成了一种不健康的心理,如果不加以适度引导并加以矫正,从长期来看,对大学生的健康成长是很不利的。

悖逆心理形成的原因复杂多样,而且范围较为普遍,很难彻底消除。因此,正确对待大学生的悖逆心理或倾向,应该追其根源,标本兼治,给予科学的疏导以及正确的引导,对症下药,才能事半功倍。

创新是民族进步的灵魂,是一个国家兴旺发达的不竭动力。胡锦涛同志在2006年的两院院士大会上指出:世界范围内的综合国力竞争,归根到底是人才特别是创新人才的竞争。社会的进步源于创新,创造力在人类历史文明的演进中扮演着非常重要的角色。如今,实现中华民族伟大复兴的中国梦更是将创新推向了历史的前台。随着信息时代和知识经济的到来,世界处在经济新常态、国际新格局的新形势下,创新型人才是各国综合国力竞争的重要指标。培养创新型人才是时代赋予高校的神圣使命与责任,高校作为培养创新型人才的重要机构,理应为国家培养和输送大量合格的大学生创新型人才。大学生创新人才的培养是国家对高等教育的迫切要求,而完成这一任务的先决条件就是思想方法培育和提升的转变。

创新思维能力,就是超越陈规、破除迷信,善于开拓创新、知难而进、因时制宜的能力。明者因时而变,知者随事而制,"世间万物,变动不居"。习近平总书记曾明确提出:"唯创新者进,唯创新者强,唯创新者胜";"生活从不眷顾满足现状、因循守旧者,从不等待坐享其成、不思进取者,而是将更多机遇留给勇于和善于创新的人们"。要有敢为人先的锐气,从而提高创新思维能力,打破迷信权威、迷信经验、迷信本本的原有惯性思维,摒弃不合时宜的陈旧观念,以思想认识质的新飞跃打开创新工作的新局面[①]。科学的思想方法与思维方式是创新的基本前提。只有善于发现问题的思维意识才有可能产生创新意识。"在知识经济时代,国家的创新能力由技术创新能力和知识创新能力组成,是决定一个国家在世界总格局和国际竞

---

① 《习近平总书记系列重要讲话读本》,学习出版社2015年版,第26页。

争中的地位的重要因素。"① 国家的发展需要科学技术不断地创新，而创新知识和成果的研究还是需要高素质的人才来执行。在探索和追求创新知识的过程中，大学生的个性具有较强的助推作用。拥有自由个性的人能够充分地确证自身的价值和存在，在大学生思想方法的培育和提升过程中，教育者如果能有效地培养和引导学生的自由个性，那么大学生创造的热情和对知识的渴求将会被激发出来，创新能力的提高和知识的掌握，将为社会提供永不枯竭的创新型人力资源，加速推动社会向前发展。"由于生产力和社会关系的现实的与直接的主体是个人，因此，人的个性发展程度就成为衡量生产力和社会关系发展的主体尺度，'社会历史始终只是他们个体发展的历史'。"②

　　心理学研究发现，人格因素在智力因素相近的情况下成为创造力的关键因素。在《科学界的精英》一书中，美国学者朱克曼对100多位诺贝尔奖获得者做了深入的分析和调查。他得出的结论是：完善的人格和智力结构是这些人共有的素质特征，这通常包括丰富的想象力、敏锐的观察力、精湛的实验技巧和极强的综合思维能力等人格特质③。要培养学生具有坚强意志、独立精神、存疑、批判、自尊性强的创新人格，就要摆脱思维固化、僵化，大力开发大学生的想象力和直觉思维能力。要打破传统教育的原有思维模式，破除

---

① 王永杰、冷伟：《创新与知识经济》，西南交通大学出版社2005年版，第167页。
② 刘秀华：《转型期人的个性与社会秩序关系研究》，天津人民出版社2008年版，第148页。
③ 哈丽雅特·朱克曼：《科学界的精英》，商务印书馆1982年版，第162页。

"标准答案"的固化思维，不迷信权威和教育者，形成发散性思维，打破惯性思维的怪圈。

进一步培养大学生的自学思维能力。叶圣陶先生曾指出："教是为了不需要教、不教是为了养成学生有一辈子自学的能力。"钱伟长先生说过："我认为很多东西可以不教，学生会学会的。不学是不会的，不教是可以会的……教师的教主要不是把知识教给学生，而是要把处理知识的能力教给学生，这是最关键的。"① 自学思维能力包括自学的思维方法、自学的思维习惯等。仅仅依靠教育者课堂上的讲授肯定是不够的，更多需要学生课后的思考、琢磨和钻研，这样才能逐渐孕育并形成创新的思维。

接受新事物快，创新的欲望强烈。大学生正处于身体和智力发展的高峰期，反应灵敏，思想敏锐，对新生事物敏感且对事物有着独到的看法；他们不拘泥于书本知识，渴望了解外部世界，积极参加社会实践，希望从实践中得到灵感，有着强烈的创新欲望；他们受到良好的高等教育，其知识水平尤其是专业知识水平和能力高于其他青年；他们正处于向成人过渡的青春期，身心变化迅速，社会接触面不断扩大，喜欢关注和接触新事物；他们自我意识增强，渴望参与创造活动以展示自己的才华。

创新成为时代的标志，创新是一个民族进步的灵魂。"90后"大学生很少对某种价值观盲目认可，趋同意识比较淡薄，而对事物往往有独特的见解和价值判断。他们敢

---

① 钱伟长：《教会学生自学，大学不必靠五年制》，《光明日报》1984年7月12日。

于质疑权威，敢于挑战传统，经常对既成的观念提出质疑和挑战。同时，"90后"大学生具有很强的创新意识和创新能力，面对任何未知的问题、未知的领域既有勇于尝试的冲动，更有勇于实践、推翻常规常理的冒险和尝试。

第六章　大学生思想方法的培育方略

根据大学生思想方法的形成理路和主要特征，运用辩证唯物主义和历史唯物主义的理论和方法，以及思想政治品德形成和发展的规律，从而确立当代大学生思想方法的基本培育方略，即努力加强大学生思想方法的正面导向，着力增强大学生思想方法的正能量，准确把握大学生思维发展的客观规律。

第一节　努力加强大学生思想方法的正面导向

导向就是旗帜和方向，导向问题至关重要。如何加强对大学生的思想政治教育，是我们必须认真面对的问题。尤其在当前信息爆炸的时代，大学生正处于身心发展的关键时期，思想方法导向旨在通过教育者开展一系列教育实践来转变大学生的思想观念，使他们达到掌握科学思想方法的目的。从受教育者的角度来看，这是其理解和掌握马列主义基本思想方法的过程，也是大学生由原来普通的思想方法和意识逐渐转向科学的思想观念以及科学思想方法的过程。思想方法的导向是在尊重大学生自身认识活动规律的前提下，引导和培养他们进行科学思维，这是思想政治教育的一种基本实践方法。当代大学生已具备一定理论思维能力，主体性日益凸显，如不加以引导，恐难以形成科学的思想方法，难以胜任国家和民族复兴的重任。引导大学生自觉培养科学辩证的思想方法，进而使其形成正确的世界观、人生观和价值观，肩负起积极践行"中国梦"的神圣使命是当务之急。

思想方法导向的基本依据是遵循人的认识规律。思想政治教育是教育者和大学生双方互动的过程，思想政治教育方法既包括大学生能动地反映和接受教育者影响，也包括教育者主动地认识、影响和培养受教育者的方法，还包括大学生主动地认识和培育自己思想水平和思维能力的方法。只有通过大学生自身的积极思维活动，教育者所运用的教育方法才能真正发挥作用。所以，正确的思想方法导向是尊重大学生认识规律的结果，根据他们的认识规律，充分发挥其内在的思维积极性，进而促使其形成科学世界观的方法。思想方法讲求导向，本身也要讲方法，力求缩短大学生思想转变过程的运转周期，认识是在实践基础上的辩证运动过程，由感性认识能动地上升到理性认识，从而指导实践，形成实践、认识，再实践、再认识的复杂循环过程。因此，思想方法导向不仅应充分把握大学生的认识规律，更应重视方法导向在其认识活动中所起的外部积极作用，即引导大学生认同并接受教育者所倡导的思想方法，促进大学生在实践过程中较快地掌握正确思维的基本方式和方法，从而提高导向的效率，提升导向的效果。

一　坚持以"中国梦"引导大学生思想方法的发展方向

"中国梦"是全体中华儿女的共同梦想，也是大学生思想方法发展的目标和方向。"中国梦"是中华民族和国家的理想追求，是社会和个人共同的精神旗帜。"中国梦"的战略地位决定了我们在思想政治教育过程中必须以其引导大学生思想方法的发展方向，扎扎实实开展"中国梦"教育，这不论对国家发展、民族复兴以及社会的进步来看，还是对我们每一个炎黄子孙的成长进步都具有十分重大的意义。

梦想是激励人们奋发有为和迈步前行的精神动力。当一种梦想能够凝聚起整个民族的精神期盼与理想追求时，那么这个梦想就会具有庞大的生命力。因为它被赋予了深刻内涵，具有共同愿景，有动员全民族为之慷慨趋赴、坚毅持守的强大凝聚力和感召力。实现中华民族伟大复兴，是中华儿女的共同愿望和伟大梦想，也是中国近现代史的主题。"中国梦"是以习近平同志为核心的新一代党中央领导集体提出的指导思想，习近平把"实现伟大复兴，就是中华民族近代以来最伟大梦想"定义为"中国梦"，并且坚信这个梦"一定能实现"。他同时还强调："到中国共产党成立 100 周年时全面建成小康社会的目标一定能实现，到新中国成立 100 周年时中华民族伟大复兴的梦想一定能实现。"按此计算，将在 2020 年实现全面建成小康社会，距今已不到 5 年；中华民族伟大复兴也将于 2049 年实现，距今（2017 年）还有 32 年，这振奋人心的一幕并非遥不可及，到时所有奋斗在自己的工作岗位上的大学生，都能亲眼看到自己用青春热血奋斗的梦想成为现实。而要实现这一宏伟目标，习近平用"三个必须"给我们指明了实现"中国梦"的路径:"实现中国梦必须走中国道路,必须弘扬中国精神,必须凝聚中国力量。"

道路决定命运,梦想与道路相连。道路不正确,各方力量就难以汇聚,梦想再美好也无法实现。我们党 90 多年来紧紧依靠广大人民群众,把马克思主义基本原理同中国具体实际和时代特征相结合,付出了各种艰辛代价,历经千难万苦,才走上了独立自主的道路,取得革命建设和改革开放的伟大胜利,创造性地发展了中国特色社会主义,从根本上改变了中国人民和中华民族的命运。事实胜于雄辩,实现"中国梦"的唯一道路是走中国特色社会主义道路。

和历史上任何时期相比,我们比历史上任何时期都更有能力、有信心实现这个目标。我国综合经济实力位居世界第二位,为"中国梦"的实现提供了强有力的物质保障;中国特色社会主义道路为实现"中国梦"指明了明确方向。今天的世界对"中国奇迹"充满惊叹、对"中国信息"充满饥渴、对中华文化充满兴趣,今天的中华民族赢得越来越多的荣耀与尊严,越来越走向世界舞台的显著位置。自鸦片战争以来的 170 多年里,"中国梦"在今天比以往任何时候都更加清晰、更加现实。

美国教育部一个官员曾明确地指出:"我们美国是一个多元化社会,有许多观念要传播,尽管我们的生活有很大变化,但我们的政治价值观念两百年来没有改变。"由此可见,任何国家在对待意识形态问题上都绝不含糊,更不会忽略,都高度重视强调意识形态和思想方法导向在人才培养中的重要性。要了解思想方法导向,首先要理解思想方法,认识就是思维方式在引导,这是核心,如果思维导向错误,那么就会犯本质性的错误。在经济新常态、国际新格局的今天，多元化已渗透到社会生活的各个方面。大学生思想教育工作的对象、方式、环境、范围发生了翻天覆地的变化，但其根本任务仍不会发生改变，也不能变。习近平同志指出："宣传思想工作就是要巩固马克思主义在意识形态领域的指导地位，巩固全党全国人民团结奋斗的共同思想基础。"[①] 思想方法的思想性、政治性、导向性很强，事关国家和民族改革发展的稳定和大局，在全面建成小康社会和实现中华民族伟大复兴的"中国梦"的导向上不会发生改变。在如何培育和践行社会主义核心价值观的问题上，关系到党和国家民族事业的兴衰成败，在导向问题上绝不能含糊、绝不能动摇。

当前，国际国内形势纷繁复杂，社会思想多元多样多变，全面深化改革的任务异常艰巨而繁重。在这样的新形势下，要敢于涉深水区、啃硬骨头，实现"中国梦"，思想政治教育工作更要牢牢坚持正确导向不动摇。始终不渝地高举中国特色社会主义理论旗帜，坚定信仰，用真理的力量、科学的力量"炼就金刚不坏之身"，引导大学生用系统思维、战略思维、创新思维、辩证思维和底线思维全面提升思想方法的层次；坚持以"中国梦"为正确导向，避免在根本问题上犯颠覆性错误；牢牢掌握思想政治教育工作的领导权、管理权、话语权，在多样化的社会思潮中不迷失、不走偏，坚持以"中国梦"为主流思想方法导向，始终把握好正确的前进方向，夯实大学生思想方法的共同思想基础。

---

① 《习近平在全国宣传思想工作会议上发表重要讲话》，《人民日报》2013年8月19日。

大学生的思想是发散的、多元的。在对大学生进行思想方法的导向上,要把握一个原则,即多元化的思想观念必须在"中国梦"指导思想的引导下,在不与"中国梦"指导思想相抵触的前提条件下展开、发散,其调整与波动是有限度的,应该控制在"中国梦"指导思想所允许的范围之内。如果失去"中国梦"指导思想的约束,泛多元化就可能会引起大学生思想上的模糊与混乱。因此,在思想政治教育过程中,既要积极引导大学生多元化的思想观念向"中国梦"指导思想的大目标靠拢,又要允许大学生凸显主体特征,在一定扇形区域内自内向外发散式扩展,从而朝着既定的共同目标迈进。多元化是活跃思想方法、孕育创新的积极体现,"中国梦"是方向明确、原则坚定的体现,两者虽然有所不同,但并不存在根本性的矛盾,能够统一起来用于指导大学生思想方法的提升。

二 不断用党情、国情、民情和世情提升其思想方法的客观性

全面把握党情、国情、民情和世情的内在关系及其变化规律,是我们进行思想政治教育思维模式和思想方法战略导向的出发点。当前"党情、国情、民情和世情"的深层次变化对我们提出了新的要求,所以提升大学生思想方法的客观性,只有在充分认识党情、国情、民情和世情的基础上,思想方法提升才有客观性的基础,才能坚持正确导向。

党情:中国共产党不是生活在真空中的。90多年来,党的中心工作、组织模式、运行结构、领导体制和工作机制都发生了深刻变化。这种变化甚至包括党的群众基础和阶级基

础。无产阶级的阶级形态发生了变化,但党的阶级基础的变化并非指中国共产党性质的改变。经过60多年的国家建设,中国的工人阶级本身发生了分化,不再是简单的无产阶级,许多工人摆脱了贫困状况,成为中产阶级,但仍有不少城市工人仍处在较为贫困的境地。随着新型城镇化进程的不断推进,将近2.4亿的农村剩余劳动力从土地上脱离出来,成为新时期的产业工人,这些人都已经成为今天中国产业工人的重要主体。作为代表工人阶级的政党,中国共产党在成为执政党之后,其权力运行就不能仅代表其所属阶级的利益,中国共产党要实现好、维护好、发展好包括工人阶级、农民阶级在内的全体中华儿女的根本利益。胡锦涛同志在党的十八大报告中指出:"当前,世情、国情、党情继续发生深刻变化,我们面临的发展机遇和风险挑战前所未有。全党一定要牢记人民赋予的信任和重托,更加奋发有为、兢兢业业地工作,继续推动科学发展、促进社会和谐,继续改善人民生活、增进人民福祉,完成时代赋予的光荣而艰巨的任务。"[①]党作为一个拥有8000多万党员的全球最大政党,要想在一个拥有13亿多人口的发展中大国顺利实现全面建成小康社会和中华民族伟大复兴的宏伟目标,统筹好国际国内两个大局,肩负起领导社会主义现代化建设的历史重担,就必须积极适应党情、国情、民情和世情的发展变化,不断提升和改进党的执政能力,加强党的自身建设。

与此同时,党的宗旨和性质没有变,也不允许变。党情的变化对党的建设提出新的要求,也对坚持全心全意为人民

[①] 胡锦涛:《党的十八大报告》,《人民日报》2012年11月18日。

服务的宗旨、保持和发展党的先进性提出了严峻考验。正确认识和把握党情的变与不变，是党在新形势下继续加强和改进自身建设的逻辑起点和实践依据，也是我们深入学习领会习近平系列重要讲话精神的一把"钥匙"。

俗话说得好：打铁还需自身硬。办好中国的事情，关键在党。对于党自身的情况和面临的形势任务，需要我们全党和全国各族人民在以习近平同志为核心的党中央的领导下，充分认识到改革开放和社会主义现代化建设中任务的繁重性、艰巨性和复杂性。党要适应这样的新形势，要带领全国各族人民一心一意谋发展，聚精会神搞建设，实现党的十八大宏伟蓝图，必须进一步加强和改进自身建设。

国情：正确把握和认识我国的基本国情，是坚定中国特色社会主义方向和道路的首要问题，是开创中国特色社会主义道路的根本出发点和落脚点。"认清中国的国情，乃是认清一切革命问题的基本的根据。"[①] 在1982年9月党的十二大上，邓小平就明确指出："把马克思主义的普遍真理同我国的实际结合起来，走自己的道路，建设有中国特色的社会主义，这就是我们总结长期历史经验得出的基本结论。"[②] 经历了30多年改革开放的进程，改革已经进入深水区域，各类矛盾不同程度地凸显出来，国家发展已经处于关键的阶段，我国已逐步走上了具有鲜明中国特色的社会主义道路。根据我国的具体国情赋予其鲜明的中国特色和本质内涵，既遵循了科学社会主义的基本原则，又坚持和丰富发展了社会

---

① 《毛泽东选集》（第2卷），人民出版社1991年版，第633页。
② 《邓小平文选》（第3卷），人民出版社1993年版，第582页。

主义理论，这条道路不同于欧美资本主义发展模式，是实现我国社会主义现代化的一条非西方化的必由之路。坚决避免走封闭僵化的邪路和老路，要防止"两点论"在进行社会主义实践探索过程中的不良影响。既要防止脱离社会主义的右倾错误思潮，又要防止超越初级阶段的冒险主义"左"倾不良思潮，长期坚持我国社会主义初级阶段的科学发展理论指导，其"基本路线要管一百年，动摇不得"①，要为全面建成小康社会和实现中华民族伟大复兴的"中国梦"提供基本依据。

民情：随着改革开放的不断推进，世情、国情、党情在近几十年来发生了深刻变化，民情也日益受到重视，民情的变化在某种程度上是相当大的。随着经济社会的迅猛发展，广大人民群众的主人翁意识越来越强，对党和国家的参政议政热情也越来越高，他们通过各种途径和方式主动参与到社会公共生活的治理与服务中来。随着互联网的进一步开放、微博微信的崛起，淘宝电商微商的大众化，全民创业、万众创新深厚氛围的提升，广大人民群众的思想意识和生活方式受到强烈冲击，发生了巨大的变化。

随着互联网在广大人民群众中不断普及和推广，网络、微博微信等新媒体工具也日益成为人民群众自由表达意见的言论空间场所，普通民众的心声可以通过网络平台直接反馈到决策层中来。各阶层之间思想交流频繁，并通过多种途径和方式进行交流碰撞，国内思想价值观念日趋多元多样多变，公众参与社会公共事务的热情和愿望与日俱增，已超过

---

① 《邓小平文选》（第3卷），人民出版社1993年版，第463页。

以往任何时期。官民之间的关系一改过去的被动单向,形成了一种双向关系,互联网时代若罔顾网络民意和忽略舆论情势,则会影响社会民主进程,造成官民对立,进而破坏社会稳定。近年来频繁因网络舆论而引发的公共安全突发事件,就是最好的例证。

民情在不断演变,时代在向前进步。关注民情的发展变化,深刻了解民众之所需,充分掌握民意社情,及时回应民众关切的热点难点重点民生问题,这是党和政府践行"为人民服务"的出发点和落脚点。但在实际工作过程中我们仍然可以发现,极少数官员仍奉行"凡事自己干,与你没商量"的错误官本位思想指导工作,后果是十分严重和极其深刻的。我们不难看到,民意具有双面性,我们既要看到它能产生破坏的一面,也要看到它对决策有民主推动的一面。近年来民意的理性力量在不断成长,充满正能量的民意在加强舆论监督和扩大社会民主等方面的作用不容忽视。从另一个角度来看,它对执政者永远是一种激励和鞭策,同时也是一种难能可贵的民主资源。

世情:当今世界正处在大调整、大变革、大发展的剧烈变化时期。错综复杂的国际安全形势和局部地区的不稳定,世界各国之间发展竞争日趋激烈并呈现新态势使国与国之间的关系越来越复杂,当前国际社会普遍陷入经济低迷之中,中国已成为全世界关注的焦点,世界经济基础仍较脆弱,仍存在一些不确定因素,整体趋于企稳回升的状态。而"大调整、大变革、大发展"强调我们目前正处在一个全新的时代,"大发展"是相对整个全球经济形势而言的,是一个相对乐观的判断;经济全球化将地理界限、文化障碍和经济超越融为一体，也促进了全球意识形态的多元化交流。

进入新世纪新阶段，国情、民情、党情在变，世情也在变。而且，它们之间相互交织渗透、相互影响、相互作用的特点更加明显，其对大学生思想方法的形成和发展起着至关重要的作用，我们要用发展的眼光看待当前变化的各种形势，不断加强党情、国情、民情和世情对大学生思维方式的培育，促进其不断优化提升，拓展大学生思想方法的国际国内视野，了解国情，了解民情，不空想，不幻想。在党情、国情、民情和世情的结合与引导下，大学生思想方法的形成和发展能够在中国特色社会主义理论体系的框架指导下更加坚定，培育和践行社会主义核心价值观，自觉与国情、党情、民情和世情相结合，更加清醒地认识到我们在大学生思想方法提升工作中所遇到的问题，实事求是，具体问题具体分析。具体而言就是在大学生思想方法提升的环境、方法、载体及规律中，要放眼世界，放眼实际，充分掌握了解大学生思想方法成长的最新动态。随着党情、国情、民情和世情变化发展进程的加快，大学生思维方式发生了新的变化，对当代大学生的世界观、人生观和价值观的形成和发展产生了重要影响，只有紧密结合具体实际，才能有助于思想方法的提升。

第二节 着力增强大学生思想方法的正能量

"正能量"原是物理学术语，在物理学研究领域里，以真空能量为零，能量比真空低的物质为负，比真空高的物质为正。宏观上正能量所指的是世界上一切大于真空的，向前、向上的力量,既包括物质和精神在内,同时也涵盖自然和社会领域。微观上是指在一般社会认知层面,正能量则属于意识范畴,是意识主观能动性的积极展现。狭义上则把正能量界定为个体的内心情感和动力。理查德·怀斯曼,是最早将"正能量"引入社会层面的英国心理学家。他的著作 *Rip It Up: The Radically New Approach to Changing Your Life* 的中译本名就是《正能量》,将人体内比作一个大的能量场,通过激发其内在潜能,可以使人表现出一个更加充满活力的、自信的、新的自我。正如著名语言文字学者、《咬文嚼字》总编辑郝铭鉴所认为的,正能量是促使人们不断追求、让生活变得更加圆满幸福的一切予以希望和向上的感情和动力。党的十八大后"中国梦"战略思想的提出,更是进一步凝聚全党全国的正能量,实现国家富强、民族振兴、人民幸福宏伟目标的动员令、进军令,是对马克思主义的进一步具体化、中国化。胡锦涛同志曾指出:"理想信念,是一个政党治国理政的旗帜,是一个民族奋力前行的向导。"[①] 理想作为一种精神现象,从某种意义来说,是人类社会实践的产物,理想是人们对自身发展和未来社会的追求和向往,在实践中形成的、具有实现可能性的精神现象,是人生观、世界观和价值观在实践过程中的集中体现。

一 加强马克思主义唯物辩证观的统领

从一般的意义来讲,"思想方法"是在人们认识和实践

[①] 中共中央文献研究室:《十六大以来重要文献选编(中)》,中央文献出版社2006年版,第135页。

活动中，对事物和所从事的实践认识活动本质特征的认识方法。在哲学上说，"思想方法"既不单纯指称一种方法，也不是指一种思想，而是在具体方法背后起支撑作用的思维方式或方法论原则。所谓大学生思想方法，是指大学生在一定世界观指导下观察、研究事物和现象所遵循的程序和规则，是其关于主观反映客观即认识世界和改造世界的方法。其思想方法与世界观、认识论是保持高度一致的。科学、合理的思想方法是对客观事物变化发展及其规律的系统化总结，是经过实践检验的理性认识，更是指引人们认识世界和改造世界的重要规律性认识。

马克思主义唯物辩证观指出：世界是一个处于普遍联系和变化发展的过程中，同时也是充满矛盾的，矛盾无时不有，无处不在。用联系、发展、全面的观点看问题、办事情，既是科学的世界观，又是指导我们认识世界和改造世界的重要思想方法，就更应成为指导大学生成长成才的核心思想方法。作为自然界、人类社会、人的思维发展三个一般规律的科学，马克思主义唯物辩证观是客观辩证法与主观辩证法的统一。唯物辩证法为人们认识世界和改造世界提供了根本的观点和方法。无论是对自然界、人类社会、人的思维发展这三大领域矛盾运动规律的宏观把握，还是在具体实际工作过程中的细微分析，唯物辩证法都具有普遍的方法论意义。按照唯物辩证法办事就能做到运筹帷幄，高瞻远瞩，达于应事而变，顺势而为。

自进入近代社会以来，无数革命先烈抛头颅，洒热血，几代人付出的艰辛努力，终于找到了改变中国前途和命运的中国特色的马克思主义思想方法。对我们中国共产党领导全国人民和中华民族取得革命和改革的胜利起到了重大思想统领作用，马克思主义思想方法作为代表广大人民根本利益的思想方法体系，成为我国意识形态领域的重要指导方法，符合意识形态发展的一般规律。马克思主义思想方法在中国指导地位的确立，是中国人民长期以来进行艰难探索的抉择，是历史的选择，也是人民的选择，这既不是个别人也不是一个党的主观意志能够决定的，用马克思主义唯物辩证观统领高校意识形态领域，武装广大师生的头脑，使其深入人心，这是高校意识形态工作的首要任务，也是为确保当代大学生意识形态安全的必然要求。

党的十八大报告指出："中国特色社会主义事业是面向未来的事业，需要一代又一代有志青年接续奋斗。全党都要关注青年、关心青年……广大青年要积极响应党的号召，树立正确的世界观、人生观、价值观……在投身中国特色社会主义伟大事业中，让青春焕发出绚丽的光彩。"① 用马克思主义唯物辩证观来统领大学生的思想方法，有利于他们形成正确的世界观、人生观和价值观，坚定对社会主义和共产主义的信念，为实现中华民族伟大复兴的"中国梦"而努力奋斗。

二　加强中国特色社会主义理论的护航

"马克思主义理论从来不是教条，而是行动的指南。它要求人们根据它的基本原则和基本方法，不断结合变化着的实际，探索解决新问题的答案，从而也发展了马克思主义理

---

① 胡锦涛：《党的十八大报告》，《人民日报》2012年11月18日第1版。

论本身。"①

中国特色社会主义理论体系其中蕴含着丰富的思想方法，主要表现为把握时代脉搏与解决重大课题的统一、探索科学真理与实现人民利益的统一、科学对待原理与联系中国实际的统一、发挥领袖智慧与尊重群众创造的统一、重视文本研究与强调精神实质的统一、整合理论体系与逐步丰富发展的统一、吸收文明成果与不断实现超越的统一，等等。这些相互统一的思想方法，即体现在邓小平理论、"三个代表"重要思想和科学发展观等中国特色社会主义理论体系的各个理论成果之中，同时也贯穿于中国特色社会主义理论体系的始终。这些相互统一的思想方法，既是学习和掌握中国特色社会主义理论体系的内在要求，也是深入领会和灵活运用中国特色社会主义理论体系的关键之所在。

把思想方法主动与其对接，在中国特色社会主义理论体系的指导下，丰富健全和完善个体的思想方法，充分运用其科学思想方法，加速提升个体思想方法。社会主义核心价值体系是中国特色社会主义理论的核心，对大学生坚持马克思主义实事求是的方法具有重要的理论指导意义，并具有很强的现实针对性。社会主义核心价值体系是培育大学生科学思想方法的基本内容，是兴国之魂，是社会主义意识形态的本质体现。高等学校是实施社会主义核心价值体系的重要阵地，大学生是祖国的希望和未来，在社会主义核心价值体系的践行、培育、弘扬和认同过程中，高等教育始终处于核心性、基础性的地位。在经济新常态、国际新格局的新形势

---

① 《邓小平文选》（第 3 卷），人民出版社 1993 年版，第 146 页。

下，我国经济体制改革纵向深入，社会结构出现深刻调整，利益格局重新分配，随着社会现实的变化，大学生的思想方法也发生着深刻的变化；在当今社会观念大碰撞、文化大交融和思想大活跃的背景下，要看清社会的发展方向，摸准社会发展脉络。高等院校在培育和践行社会主义核心价值体系建设中具有特殊的作用和地位，是国家思想文化建设的重要阵地。大学生作为社会的优秀群体，是社会发展进步的宝贵资源，他们有才华、有热情，是实现中华民族伟大复兴、建设中国特色社会主义的重要力量。

当今社会上存在的一些负面影响给部分大学生在世界观、人生观和价值观方面带来诸多困惑和疑问，给大学生科学思想方法的形成带来一定的冲击和干扰。这些问题在他们进入大学之前由于全力备战高考可能不明显或没有显现出来，进入大学求学阶段，他们所处的环境发生改变，判断问题的思想价值取向趋向多样，观察事物的视野进一步拓宽，一些原来压抑的问题也开始凸显出来。

一个国家的核心价值观是民族和人民精神家园的支柱和核心。社会主义核心价值观是马克思主义在我国新时期发展过程中产生的理论结晶。用社会主义核心价值体系能引导人们的思维和行动，维护良好的社会秩序，从而促进和谐社会的发展。目前，我国正面临着社会结构深刻变动，经济体制纵向深化改革、生活方式深刻变化、多样价值观的影响和冲击以及思想文化相互激荡的时代背景，加强社会主义核心价值观教育，坚持以社会主义核心体系为指导，引导大学生运用科学的思想方法，成为巩固社会主义主流意识形态，整合多样化价值观念的当务之急。

党的十八大报告指出："倡导富强、民主、文明、和谐，倡导自由、平等、公正、法治，倡导爱国、敬业、诚信、友善，积极培育和践行社会主义核心价值观。"高校强调在统一的国家意识下鼓励大学生的多样化发展。其一，在核心价值观教育中尊重大学生的人格尊严，坚持以学生为中心，高度关注大学生思想方法的主体性及其思想多元的发展特点，切实采用人本主义的呵护与关怀，坚决反对任何遏制个性多样发展的思维教育模式，一改工具性灌输教育为调动主体能动性的思想教育；其二，高等院校在党和国家的统一指导思想下，结合具体实际情况，根据学校传统优势特色和自身的专业亮点有选择地设置相关显性教育和隐性教育的相关课程，同时将这些具体目标予以细化、分解到各学科的教学过程的每一个环节中去。想方设法调动高校的积极性，赋予一定自主选择权和决定权，既体现对各高校具体实际情况及层次的特殊性照顾，又使高校采取灵活主动、多样的形式传授国家主流思想意识和爱国主义精神。

在多元、开放的现代社会，价值观的多样性、差异性日益明显，多元化已经成为不争的事实。我们必须接受、认同并理解大学生思想方法多元化价值观的客观存在，但这并不等于不假思索地盲目接受他们的全部具体思想观念，而是对其具体表现加以科学、细致地分析。发挥社会主义核心价值观的整合和引导功能，为大学生思想方法多元和价值观提供正确的导引。在积极促进思想多样化发展的同时，加强对多种文化价值的宽容性以及面向实际的开放性。在开放与宽容的过程中，强化思想价值的甄别与筛选，协调各种思想价值观的冲突与矛盾，积极吸收新价值观中合理化程度较高的成分，才能帮助和引导大学生在实践活动或生活中形成科学的、正确的思想价值观体系。充分发挥核心价值观的导引作用，鼓励和引导大学生树立科学、正确的世界观、人生观和价值观，主动管理和应对风险，增强风险意识。这既是实现"中国梦"的有力保障，又是建设和谐社会的必然要求。

三 加强民族复兴"中国梦"的引导

作为拥有上下五千年灿烂历史文化的中华民族，传统文化道德思维在神州大地上根深蒂固，对中华民族的积极发展产生了巨大的影响，在一定程度上构成了民族共同心理和主要的思维方法。习近平总书记明确指出："'中国梦'是民族的、国家的，更是青年一代的；青年最富有梦想、最富有朝气；青年一代有担当、有理想，民族就有希望，国家就有前途。"

2012年11月29日，在中国国家博物馆"复兴之路"展览现场，中共中央总书记习近平带领新一届中央领导集体参观时指出："中国梦"就是实现中华民族的伟大复兴，这是我国近代以来的最伟大梦想，而且满怀信心地表示这个梦想"一定能实现"。中共中央党校原副校长、党内著名理论家李君如认为，21世纪头20年的"中国梦"是全面建成小康社会，这是实现21世纪头50年"中国梦"和后百年"中国梦"的最重要的一个发展阶段。

习近平同志明确指出，"人民对美好生活的向往，就是我们的奋斗目标"。"中国梦"的宏伟目标与大学生成长成才的发展息息相关，习近平总书记在多次讲话中强调，为实现中华民族伟大复兴的"中国梦"而奋斗,是当代大学生的时代主题,大学生是实现"中国梦"的中坚力量。大学生担负着承前启后、继往开来的历史重任。"中国梦"的战略构想是我国发展建设的重要指导思想,也是凝聚大学生成长成才正能量的指导原则和根本保障。

大学生思想方法的培育,离不开"中国梦"的引领。"中国梦"是中华儿女的共同梦想,自然也是大学生的奋斗目标,大学生的命运与国家紧密相连,其"个人梦"的形成和实现离不开"中国梦"这个大前提,"个人梦"服从并服务于"中国梦",大学生的"个人梦"只有在"中国梦"这个大环境下,才能积极有效地实现,"中国梦"是由一个个"个人梦"组成,但不是简单地堆砌,所以积极培育大学生科学思想方法,使大学生的"个人梦"遵循其社会发展的规律,在"中国梦"的引领下顺利实现。符合社会环境是大学生"个人梦"实现的重要保障。大学生的"个人梦"与社会发展的要求密切相关,具有鲜明的时代性,没有脱离社会发展要求的"个人梦"。个人的发展必须以社会的发展为基础。大学生"个人梦"是实现"中国梦"的基础,中国梦是国家的,民族的,也是每一个中国人的。

"中国梦"的历史使命能否完成,与大学生思想方法的培育有着非常重大的关联。把大学生思想方法引领到"中国梦"这个国家战略层次上来,加快提升大学生思想道德品质和思想政治素质,构建其科学思想方法和思维模式,使"中国梦"在全面建成小康社会的大道上全面推进。

第三节　准确把握大学生思维发展的客观规律

思维方式作为一种特殊的认知因素会对人们压力情境下的认知评价产生一定的影响，进而影响到其应对方式的选择及形成。已有研究初步表明，青少年辩证思维的高、低程度会影响其应对方式的选择[1]，而辩证思维正是中国人主要的思维特性之一。

思维方式作为人类认识活动的一种固定模式，是主体在长期社会实践活动过程中形成的对特定环境中形成的客观规律思维的把握定式。邓小平同志曾形象地称之为"脑筋里的框子"，大学生思维发展是有其客观规律可寻的，是不以人的意志为转移的，他们在其成长成才过程中，对其周边客观事物都有着自己独特的思维方式和看法，这种规律的把握对我们加强大学生思想方法的培育意义重大。

一　把握其思想需求

"90后"大学生是一个个性张扬、有主见、自我意识强和自尊心强的群体，这群大学生不喜欢轻易接受老一辈的观点，不喜欢教条式的灌输、大道理劝导和死板的教学模式。所以，对"90后"大学生最好不要形成教与管的对立，他们不缺灌输、说教、训斥，缺的是平等、理解、尊重、信任，好的教育方式就应是春风化雨式的。因此，应本着平

---

[1] 侯玉波、张梦、王歆：《青少年思维方式与应对方式的关系》，《中国心理卫生杂志》2007年第3期，第158—161页。

等、互助的教育理念，倡导与学生进行朋辈式、亲友式的沟通与交往，实现对学生从俯视到平视，从灌输式到对话式的沟通方式的转变，从管教者到做他们的人生道路引导者和守护者的转变。

思维独立自信，但过于以自我为中心。改革开放以来，在"实践是检验真理的唯一标准"大讨论的影响下，青少年的怀疑范围和重新检验问题的积极性大为增加，在真理讨论趋于成熟并深入人心的 20 世纪 90 年代，成长起来的"90 后"更习惯于自己经过亲身重复的实践认识过程来接受前人的实践和结论，而不是直接接受。他们自我选择性极强，很少对某种价值观盲目认同，趋同意识很淡。他们喜欢自主展示思想，通过争论和碰撞形成观点，摸索新的思路和方法，不喜欢教条式的灌输和死板的教学模式。

由于网络普及和教育民主程度的提高，传统的教育模式和学习模式发生改变，"90 后"大学生获取信息更加快捷，知识更加丰富，对自己的人生表现出的信心和理性远超过他们的前辈，在某些方面比老师知道的多。现在的"90 后"一代在知识结构上的复杂和多样性远远超越了以前。信息量的极大丰富和创造力的提高，使得他们渴望成熟独立，希望能跟老师进行平等的交流，不是被动接受单向的知识和观念灌输。但是，他们过于以自我为中心，更加张扬自我个性，相对比较缺乏合作意识和团队忠诚感，人际关系应对力和心理承受力相对薄弱。虽然"90 后"渴望思想上的独立，但不少学生在生活上对家长依然有较强的依赖性。

一种思想若是要被人接受，就必须得满足其思想需要。对于大学生而言，没有引起心灵的共鸣，诚然再好再科学的思想，也难以对大学生产生足够的诱惑力和吸引力，即便运用灌输理论对其施加影响，效果也是微乎其微甚至会产生负面效应。现在大学生想的是什么，怎么想的，为什么会这么想，思想有哪些需求？有些显性的思想需求我们可以通过观察其言行了解到，但是有些隐性的思想需求我们还要通过一系列调查分析研究等多种途径才能获知；还有部分学生动力不足，方向模糊，处于一种得过且过的状态，目标茫然，并不真正清楚自己需要什么；另外一些大学生的思想需求是不健康的、扭曲的，是不符合社会及自身发展的思想需求，背离了社会主义核心价值思想体系的主干道；然而不管是哪种情况，作为教育者，一方面我们要帮助他们准确定位自己合理的思想需求，引导他们进入主流积极的思想轨道。另一方面，帮助大学生全方位地认识自己的思想需求，并引导他们积极思考，从而形成更深入持久的思维动力。引导大学生认识到自身和社会思想协调发展的积极意义、认识到社会主义主流核心思想对自己成长成才的重要性，实现大学生思想与社会思想的良性互动与循环，更好地提升他们的生命质量，获得社会尊严，以更好地实现人生价值。把握大学生的思想需求越准确，引导就越有针对性和实效性；而大学生的思想需求越全面越强烈，对主流思想的驱动就越持久给力。

　　大学生面临的困惑是其自身成长发展过程中所遇到的问题，而大学生思想方法存在的问题就是其自身在求学过程中思想品德与社会要求的偏差。例如，帮助他们解决"不同程度存在着的理想信念模糊、政治信仰迷茫、社会责任感缺乏、艰苦奋斗精神淡化、价值取向扭曲、团结协作观念较差、诚信意识淡薄和心理素质欠佳等"问题。对大学生坚持马克思主义实事求是的科学思想方法,就必须从大学生自身思想实际出发,把大学生身心发展与理想信念教育相结合,解决学生自身的生活和思想问题。因为大学生思想方法的形成经由当前到长远、由具体到抽象的过程,遵循着由个体思想方法到科学思想方法的形成规律,因此科学思想方法的教育也必须从大学生个体的现实需求入手,从与个人生活密切相关的生活思想、职业思想入手,在遵循社会共同思想的基础上,进而确立马克思主义实事求是的科学思想方法。合理的、有效的思想方法教育,应该是以满足学生们的合理愿望和正当利益为基础的。毛泽东曾说过:"一切空话都是无用的,必须给人们以看得见的物质福利。"只有满足了大学生合理正当的思想需求,他们才能真正从认知、意志和情感上确立科学、合理的思想方法,并且将之贯彻、落实到社会实践活动的各个环节之中。

因此,在掌握大学生的思想需求时应做到:在关注物质需求的同时,更应关注其精神需求,并将两者有机结合。如果主流核心思想教育体系脱离大学生的实际思想需求,流于形式,就会失去其主导意义,要时刻关注大学生最关心、最现实、最直接的利益问题,比如,大学生创业就业的思想需求、大学生考研考公务员考村官的思想需求、大学生亲情友情爱情的思想需求,这一系列思想需求与大学生的生活学习求职有着实实在在的关联,掌握他们的这些实际需求,就能为正确引导学生,丰富提升其精神需求提供强有力的正能量支撑。

人类日常生活所必需的东西并不多。而消费主义以时尚为药效,以品牌为噱头,将人的生活欲望卷入无休止购物与淘汰的恶性循环之中，购物恋物成瘾成性。时下部分大学生出现的盲目攀比和畸形消费心理对其物质需要产生了不良导向，使大学生对物质的思想需求产生偏向，不利于大学生思想的健康成长。只有将低俗的物质需求导引到精神的思想需求上来，把握大学生思维发展的客观规律，培育科学的大学生思想方法。精神是永恒存在的，能让人的心灵回归宁静。

人的需求是多样的，对于单一的个体而言，肯定有诸多的需求需要满足，如何处理好这些需求的关系，对大学生来说也是个不小的挑战。应帮助大学生对各种需求进行理性分析，调整状态，准确定位。把个人思想需求和社会思想需求紧密结合。在这个信息海量化的时代，个体既有知情权，也有选择权，不同个体的思想需求也不同，鼓励引导大学生面对面地交流，不回避现实、听学生的真心话、找出学生思想问题的所在，哪怕是盲从的思想需求都能从现实社会中找到其掩藏的深层次原因，教育者要采取实际措施引导大学生正确认识并准确掌握自己的思想需求，理性对待，不盲目跟从，及时满足大学生提出的合理想法和思想需求，这对促进大学生主动认同社会主义核心价值体系有着事半功倍的效果，能有效促进主流核心思想价值体系与大学生思想需求的良性互动。

二　把握其静态的思想观念现状

马克思主义唯物辩证法认为：物质决定意识，意识反作用于物质。思想观念作为意识的一种形态，是社会意识对社会存在的反映，是在一定的社会经济政治形态下，人们形成的对社会现实生活的思维方式，由于物质的相对静止性和社会存在的相对稳定性而使人们形成对现实生活相对稳定的思维方式即为静态的思想观念。

思想观念的静态,是人们对认识世界和改造世界整体相对稳定的一种思维方式,思想观念作为人们行为的定向和先导,一旦成形便会处于相对静止状态,形成较为稳定的思维定式,指导人们进行较长时期的实践。长辈亲人老师的言传身教和周边同龄人的耳濡目染使大学生在成长成才过程中,形成了相对稳定的世界观、人生观和价值观,即属于自己静态的思想观念。他们认同中国特色社会主义共同理想的思想观念,怀着积极实现中华民族伟大复兴的"中国梦"主流思想,践行社会主义核心价值观,主动将"个人梦"与"国家梦"对接,积极参加社会实践活动,热心公益,响应党和国家的号召,支援西部,爱心支教,将自己的青春奉献给大山里的孩子,为国家的发展作出了自己的贡献。在国家遭受大灾大难面前,广大大学生应坚定地和国家、人民一起,通过各种各样的方式关注灾区灾民灾情,如组织募捐和赈灾义演、献血出力,参加抗灾救灾志愿者活动,时刻准备着在祖国需要的时候挺身而出。这种静态的思想观念一经武装大学生的头脑,就能促使他们在大是大非面前保持清醒,坚定信念,弘扬正能量,为全面建成小康社会的富强、民主、文明的现代化国家提供思想导向。

就目前大学生思想观念的现状来看,受改革开放 30 多年的影响,经济体制引发的思想变革使得在这物欲横流的时代,物质追求的最大化影响着我们每一个人,大学生不可避免地受其影响。功利化思想在大学生中不同程度地存在着,人对功利的追求是正常的,因为"人们奋斗所争取的一切都同他们的利益有关"①。所以,把握大学生静态的思想观念现状,要掌握时代思想的气息,现代思想总体来看是一种物质主义取向的思想,在这种思想的影响下,大学生的静态思想观念中或多或少地包含着功利的元素,我们加以顺势引导,正确处理好国家利益、团队利益和个人利益的关系,使他们不因个人的思想追求与国家小康社会的康庄大道脱轨,把他们紧紧相拥在中华民族伟大复兴的"中国梦"周围,万众一心,齐头并进奔小康。

静态的思想观念虽然是相对的、静态的,但对我们加强大学生思想方法的培育却有着非常积极的意义,让我们在变化无常的思想动态中找到方法给力的支撑点,找到解决思想问题的立足点,更有利于大学生思想方法的成熟。

三 把握其动态的思维走向

对于大学生来说,进入大学就意味着面临一个崭新的环境,无论是学习还是生活都会面临很多挑战,对于陌生的环境和挑战,会有无所适从的感觉,学习、生活目的模糊,失落感也就油然而生。在许多中学生的想象中,大学犹如天堂一般,条件优越,生活优裕,可以无拘无束地想学就学,想玩就玩。而当真正走进大学校园、开始大学生活之后,却发现事实并非自己所想象的那么美好。

恩格斯曾指出:"每一个时代的理论思维,从而我们时代的理论思维,都是一种历史的产物,它在不同的时代具有

---

① 《马克思恩格斯全集》(第1卷),人民出版社1956年版,第82页。

完全不同的形式，同时具有完全不同的内容。"① 当今科学技术发展日新月异，如果仍固守传统的固定思维模式，是难以在激烈的竞争中立足的。

江泽民同志说过，"我们搞社会主义现代化建设，我们的思想方法和思维方式也必须符合现代化建设的要求，本身也应现代化"。"思想方法和思维方式的现代化，也就是要按照科学精神来观察、思考和解决各种问题。"② 随着大数据时代的到来，面对浩如烟海的信息与知识，如何寻找和筛选所需要的信息与知识，尤其是对概括、发现信息与知识创新，无不需要用良好动态思维的走向来把握。对此，大学生应培养以信息思维方式为主的动态思维。

我们处在一个社会激烈变革的时代，社会生活的方方面面都在发生深刻的变化。推动和适应这种变化，帮助大学生冲破旧的思维模式的束缚、转变观念，建立和培养动态的科学思维方式，也是培育提升大学生科学思想方法的重要任务。

在《资本论》中，马克思在对商品的分析上就充分地运用了静态和动态两种方法，对商品采用了静态分析，而静态分析方法的运用本身就是一种逻辑运动过程。动与静的对立统一关系，是唯物辩证法的基本形态，那种以为静态就会带来局限性的，不是辩证法，把静态排斥在辩证法之外甚至与辩证法对立的观点，是不正确的。

当今社会是一个充满信息化和动态化的社会。人们的思

---

① 《马克思恩格斯选集》（第4卷），人民出版社1995年版，第284页。
② 《江泽民文选》（第3卷），人民出版社2006年版，第263页。

维往往容易因各种扰动而产生变化，目前我国社会是一元主导与多元并存的时代，以中国特色社会主义理论体系为主流的核心价值观与各种东西方思维的碰撞，加剧了思维变动的频率，提高了思维的比值系数，使人们的思维充满复杂性和动态性，这对我们把握思维的动态规律既充满了机遇，同时也带来了挑战。

动态思维作为现代社会运动变化发展的一个重要反映，有着自己独特的思维模式和运行过程。通过其不断地输入新的信息，并根据新的信息进行分析、比较，依据运动变化的情况进行调整以形成新的思维目标和思维走向，确定新的方案和对策，然后输出经过加工改造的信息，根据变化发展的形势对正在进行的事情和处理中的工作实施新的方案，再把实施新方案的情况、信息加以反馈，再进一步分析、调整，这样一系列的思维运动变化过程称其为动态思维走向。相对静态思想观念而言，动态思维则属于运动变化中的思维态势，它是一种运动的、调整性的、不断优化且呈螺旋上升式的思维活动。根据外部环境和客观条件的不断变化来改变自己的思维程序与思维走向，以加强对客观事物进行调整、控制，从而达到其思维优化的目标。大学生由于其自身生理和心理因素的不稳定性和复杂性，具有强烈的好奇心，容易被外在热点所吸引，因而思维具有明显的多变性。

信息社会和动态社会反映在如今的大学生身上，使他们的思维更加多变。一方面由于大学生容易受到各种干扰进而出现思维波动；另一方面由于全球化下的市场竞争，对高校人才培养提出了更高更新的要求，促进大学生成长成才思想观念的更新和解放，不拘泥于权威和教材，勇于面对现实社会，大学生自身的成长过程存在较大的可塑性，比以往任何时候都更具个性和创造性，我们只有把握了这种动态的思维走向，才能更好地促进大学生思想方法的优化和升级。

第七章　大学生思想方法的提升途径

当代大学生是青年中的优秀群体，是国家十分宝贵的人才资源，是民族的希望和祖国的未来。大学生的思想特点始终备受社会的关注。随着经济全球化和我国改革开放的深入发展，大学生的思想发生了复杂而深刻的变化。客观、及时、全面、准确地分析和把握当代大学生的思想特点，是开展大学生思想政治教育的前提和基础。它对于提高大学生思想政治教育针对性、实效性和吸引力、感染力，体现时代性、把握规律性、赋予创造性，具有重要的理论意义和深远的现实意义。

依据思想政治教育方法论，大学生思想方法的提升需要多条途径，核心是加强思想方法的导向，主渠道是理论与实践并举，着力点是虚拟与现实结合，环境的优化需要"社会人文·高校学术·家庭联动"全面统筹。

第一节　主渠道：理论与实践并举

要改进思想政治理论课教学，就要与时俱进，紧密结合国际国内形势的新变化，不断增强教学内容的时代感和针对性，努力对一些重大理论问题做出科学、生动和可信服的解释。同时，还要创新思想政治理论课的教学方式和手段，将单向式的授课变为互动式的沟通，增强学生学习的主动性，使其更加贴近大学生的思想实际，更符合大学生的现代思维方式。

大学生思想方法的提升，离不开科学理论的正确引导，更需要在实践中不断加强巩固和完善。理论一经大学生掌握，就会武装大学生头脑，使大学生形成正确的世界观、人生观和价值观的导向，促进其成长成熟，有了理论的支撑，他们将更加自信。"纸上得来终觉浅，绝知此事要躬行"，然而再丰富的理论，如果没有社会实践的历练，那也是空中楼阁，在实际生活中也会到处碰壁，达不到预期效果。只有将理论与实践紧密结合，课堂上系统理论的灌输与互动讨论同时进行，又有课外社会实践与学术研讨的融合，才能充分发挥理论和实践的主渠道作用。

一 课堂系统灌输与讨论互动融合

思想政治教育离不开灌输，灌输不是一种具体方法，而是进行思想政治教育的基本原则。只有在一定的思想、理论支配下，人的活动才得以进行，通过其所处的社会环境才能获得一定的思想理论。同时灌输作为人们获取主流意识形态信息的积极方式，对于帮助大学生坚持正确的政治立场、树立正确的方法和观点，促使人们形成特定的价值观念具有重大意义。

自从当代大学生进入学校接受教育开始，接触最多的就是系统知识的灌输，包括思想品德修养的培育和养成，还有培育和践行社会主义核心价值体系教育。应该说，在一定程度上必须依靠灌输来加以促成。总体来讲，思想政治教育的系统灌输有利于帮助和引导大学生树立正确的世界观、人生观和价值观。然而过度强调灌输的外在作用，压制大学生个性思维发展，忽视学生主体的能动作用，形成长期实施单一的灌输式教育模式，在一定程度上造成了思想政治教育过程中"学生被动学和教师机械教"的不良弊端，没有将知识传授与大学生的主观能动性有机结合。马克思主义唯物辩证法认为："内因与外因是辩证统一的，共同推动客观事物的发展。"教育者系统的灌输则是外部推动因素，而大学生自我主动吸收消化才是内部动因，外部因素只有通过促进内部动因的变化发展才能起到应有的作用。如果只有外部因素的推动而没有内部动因的自我转化，思想政治教育的预期效果就很难达到。只有把系统灌输与大学生思维方式主动对接，才能相互推动相互促进，产生理想的效果。

在信息爆炸式发展的当今，大学生处于生理和心理的高速发展期，思想超前、易于接受新生事物和最新信息，获取信息的渠道四通八达，甚至比思想政治教育者的信息获取途径要快要多，其主体性和自我意识能力获得空前提升，如果仍沿用单一僵化灌输的教育方式和方法，必然达不到思想政治教育的预期效果，也使大学生对理论的接受大打折扣，传统的权威说教和填鸭式的教育方法很难引发他们思维的共鸣，反而产生反感和抵触。我们既要反对单向灌输的传统思想政治教育方法，也要加强与大学生的讨论互动，使之相互融合。从而充分发挥课堂的主渠道作用，改革课堂教育单向灌输方式，使灌输与讨论互动有机结合，共同推动大学生思想方法的科学形成和发展。

在教学讨论互动过程中，"兴趣是最好的老师"，如何提高大学生参与课堂互动教学的积极性和趣味性，最终要落实到大学生个体身上。以大学生为中心是思想方法提升的出发点，也是思想政治教育的归宿，教育要以人为本。在教学过程中，我们要时刻关注其特有的思维方式和行为方式。通过教学互动讨论了解当代大学生的思想心理变化、成长规律及变化趋势，根据大学生迫切需要解答和理解的思想政治问题和普遍关心的社会问题为切入点，进一步发挥大学生的主动性、积极性和创造性，以大学生为中心，贴近实际、贴近生活、贴近学生，开展课堂系统灌输与讨论互动融合，从而更加有效地提升思想政治教育的实效性。

开展相关讨论互动，帮助大学生坚定政治立场、明确政治方向，教育者要不断净化思想，努力提升思想政治觉悟和认识水平。当前是一个思想交流异常活跃的年代，自我迷惘及不负责任的言行举止，势必潜移默化地影响大学生对权威的质疑，无形中干扰和破坏大学生思想方法的健康形成和发展。只有自觉地增强为人师表的荣誉感、自豪感和表现感，才能促成大学生思想方法教育的良好氛围。

当今社会思想多元化，我们必须紧密结合学生的思想实际，在教学讨论互动过程中，把党的基本路线、基本纲领和相关文件精神与改革开放过程中的具体实践有效结合，不回避、不遮掩当前社会存在的现实问题和理论教学中的热点和难点，特别是面对一些重大而敏感的现实问题，教师要坚持运用马克思主义的观点、立场和方法，主动引导学生看主流、看趋势、看大局，让学生对社会问题能形成一个比较正确和清醒的认识，从而形成科学合理的世界观、人生观和价值观。要始终坚持正面引导，用事实说话、以理服人，力求把系统灌输和讨论互动有机结合，使理论讲深讲透讲明白。

比如落实研究型的专题教学方式、增设"师生对话研讨"教学环节、开展读马克思主义经典著作活动、开设大课堂主题讨论课、充分运用现代化教学手段、丰富教学形式、以考核能力和价值观认识为主要内容的考核方式的变革等，都是重要的教学环节改革的内容。

因"势"施教，发挥思想政治理论课教学的主导作用。思想政治理论课是高校开展学生思想政治教育的主渠道和主阵地。要教育和引导学生逐步学会运用马列主义、毛泽东思想和邓小平理论的立场、观点、方法观察和分析问题，指导他们正确处理理想与现实、个人与集体和国家的关系；帮助他们树立正确的世界观、人生观、价值观，培养高尚的思想道德情操。要突出学生的主体地位，从学生需要出发，建构以学生为中心的教学新模式。加强对不同年级学生的理论知识传授和能力的培养，尝试实行不同专业、不同基础分班授课及专题研讨授课等方式。同时，还要充分发挥哲学社会科学思想政治教育的重要作用和育人功能，把思想政治教育融入大学生学习的各门课程和学习的各个环节之中，渗透到教学、科研和社会服务各个方面。

我们常说"教学相长"，教学实践是一个"双边"的活动过程，我们了解学生对于大学教育的种种看法是了解其内心世界、激发其学习兴趣的必要步骤。《中美学生对大学教育观念之比较》提出许多在我国重视程度不够的一些重要问题。马里兰大学教授罗恩·利普斯曼在《21世纪的大学生》一文中提出了自己对该问题的一些看法,尤其指出了大学教育与政府管理体制之间关系的问题。同时作者还指出现代教育体制中其他一些弊端,这些弊端对学生的思想产生了消极作用并因而极大地影响了大学生的学习兴趣。国外对大学生思想变化与其行动之间关系问题的研究比较活跃,多就问题的一两个方面进行深入探讨。微观研究多于宏观研究的情况既在各专业学科研究领域中存在,也同时存在于教育教学研究领域中。

二 课外社会实践与学术研讨兼施

各种形式的社会实践活动是"90后"大学生了解社会、增长知识和能力的重要途径。"纸上得来终觉浅",社会实践对于促进大学生了解社会、了解国情、增长才干、奉献社会,锻炼毅力、培养品格,增强社会责任感具有不可替代的作用。高校教育工作者要充分认识到实践性教育在大学生成长中的重要作用,将实践性教育纳入思想教育工作的重要一环,并使之占有相当大的比重。努力创造各种机会和途径,使学生学以致用,理论联系实际,通过实践性教育认识使"90后"大学生不断成长。积极探索和建立社会实践与专业学习相结合、与服务社会相结合、与勤工助学相结合、与择业就业相结合、与创新创业相结合的管理体制,增强社会实践活动的效果。目前,暑期"三下乡"社会实践、勤工助学在各高校已较为成熟,并取得了良好的效果。教育工作者要拓宽思路,积极发掘和创造各种实践性教育机会,如组织学生短期实习,寻找社会服务机会,组织志愿服务和公益活动等，通过与社会各阶层的广泛接触和丰富的社会实践活动，使"90后"大学生在实践中提高观察问题、处理问题的方法和能力，培养他们的责任意识、奉献意识、集体意识、团队精神。

所谓社会实践，就是要面向社会，面向实际。毛泽东同志曾精辟地指出："人的正确思想是从哪里来的？是从天上掉下来的吗？不是。是自己头脑里固有的吗？不是。人的正确思想，只能从社会实践中来，只能从社会的生产斗争、阶级斗争和科学实验这三项实践中来。"① 只要是社会上的活动都可以有选择地分步骤地尝试着参加，要打破学校与学校之间的限制和地域之间的隔阂。确保每个大学生都能有机会参与社会实践，并参加多种形式的社会实践活动，采取校内校外、集中与分散相结合的方式，发挥两者的优势，把两种社会实践模式有效结合，既有深厚校园文化内在的社会实践，又有现实社会生活的校外社会实践，坚持校内与校外相结合，千方百计为大学生创造多种实践机会，增强他们对理想与现实的热情，同时将中国特色社会主义理论和社会主义核心价值观的教育贯穿于社会实践的全过程。例如，通过演讲、辩论、征文、歌咏比赛、体育比赛等学生活动，弘扬强化理想信念教育的主旋律，社会实践课程化方法是社会实践方法基础上的创新方法，是把社会实践任务化、目标化和考核制度化的思想政治教育方法。建立校外社会实践活动基地，高校可以选择革命老区等红色资源圣地，让大学生了解革命先烈为国家和民族所做的可歌可泣的事迹，承继老一辈

---

① 《毛泽东文集》（第 8 卷），人民出版社 1999 年版，第 320 页。

无产阶级革命家的遗志,发愤图强,建立大学生社会实践的长效机制,坚持社会主义核心价值体系为指导,丰富大学生社会实践的形式和内容,有效整合多方优势的合力,培养出高校社会均满意的有良好思维和实践能力全面发展的人才。

"纸上得来终觉浅,绝知此事要躬行",课堂上获得的理论知识必须回到实践中去巩固、践行才能真正达到学习的目的,理论的魅力来自指导实践获得的成功。课堂实践的范围、规范是有限的,大型社会活动只有在重大节日才能举办,而日常课外社会实践活动则可以经常进行。很多大学生热衷于课外社会实践,积极参加"三下乡"社会实践,支教、支农,通过这一系列活动,巩固课堂所学的知识,丰富课堂教学,启发大学生思维。我们要及时了解学生的思想需求,充分利用课外活动时间,采用大学生乐于接受的方式方法,优化和培育思想方法的效度。通过进行校内外活动的实践锻炼,增强学生创新科研能力和理论联系实际的综合能力,进一步帮助他们提升分析和解决问题的能力,有利于大学生之间的沟通互助和组织协调能力的提高。为大学生更好地深入了解党情、国情、世情和民情,树立崇高远大理想、坚定主流理想信念,增强历史使命感和社会责任感都将发挥重要的作用。引导学生在受教育和长才干中进一步树立和形成科学的世界观、人生观和价值观,将社会主义核心价值体系教育融入多种形式的课外实践活动中,在实践中进一步巩固理论学习成果,社会主义核心价值体系便由理论形态逐步地转化成大学生具体的思想行为方式,助推大学生思想方法的形成和发展提供理论和实践支撑。

深入并广泛开展社会实践活动。可以组织多种多样的活动基地,如社会服务基地、劳动实践基地和参观调研基地等,从而引导大学生积极参加社会实践活动。通过举办"三下乡"志愿服务活动、生产劳动、科技发明、勤工俭学和社会调查等社会实践活动,一方面可以为大学生参与社会实践提供良好的机会和环境;另一方面,将理论上的安全教育落实到直观的现实生活中,使大学生在现实中感悟和思考社会主义意识形态的真谛,进一步深化大学生对社会主义的理论认识和内向认同。

加强实践过程的思想引导。在意识形态安全教育的社会实践过程中,大学生会受到积极影响和消极影响,产生的思想认识也具有两面性。因此,在意识形态安全教育的过程中,我们要特别注意对大学生的思想和行为进行规范,指出大学生不全面、不清晰的思想认识,引导大学生形成正确的价值判断和价值观念,提高分析问题和解决问题的能力,抵制历史虚无主义、新自由主义、实用主义、普世价值等错误思想的影响,增强大学生明辨是非的能力。

强化实践的主体性。要坚持大学生的主体作用,以大学生为本,充分尊重大学生在意识形态安全教育实践过程中的自主性和主体地位。一方面,立足于大学生的现实生活。从大学生的微观生活领域着手,让大学生思考并处理现实生活中遇到的具体问题,加上教师的教育指导,促使大学生形成科学的思维方法,引导大学生形成主动思考、独立解决问题的能力,从而更好地处理现实生活中遇到的各种问题。另一方面,引导行为实践。通过意识形态安全教育社会实践,让大学生更加关注现实生活,促使大学生在社会实践中自我管理、自我教育、自我思考和自我服务,形成对社会主义意识形态更加全面、更加深入的感受，使大学生主动践行社会主义意识形态，形成正确的思想行为准则。

定期或不定期举办学术讨论会。学术研讨会通常是高校学术机构为拓展和提升学术氛围，加强对大学生的教育培养而开展的。办学越悠久的高校，学术氛围越浓厚，学术研讨开展得越规范，大学生主动性很强，对大学生形成的思维模式和导向越规范，就越有利于其科学思想方法的形成。高校应为有志于为国家和社会发展作贡献的青年提供各种提升和培育机会，除了正常的教学培育外，我们还应提升学术的层次性，帮助立志于在学术和科研领域发展的大学生在思想上有更高的提升，邀请院士、专家和学者进行学术报告会，组织大学生进行讨论研究，和高层次的资深专家学者一起共同成长，进一步拓展自己思维空间的力度和深度。院士、专家和学者通常有丰富的人生阅历和坎坷的故事人生，如同一部巨著，展现在青年大学生面前，让他们深深地懂得和体会到，人生要学会不断学习、持之以恒，方能取得佳绩。名人名家的思维方式是经过岁月的风吹雨打修炼而成，而绝非一日之功。如中南大学每年安排院士与大学生见面会，长江学者教授和本科生研究生的学术研究交流，带着他们进入科学的殿堂，激发他们的爱国情怀和科学热情。坚定他们服务国家和人民的斗志和信仰。大学生思想方法的形成需要正能量的积极导向，才能使他们健康、科学、全面地成长、成才。

加强课外社会实践与学术研讨的结合，兼施两种措施，有利于大学生在实践中加速其思想方法的形成和发展，获得提升和优化。而学术研讨的实施则有利于理论层次的升华，让大学生站得更高，看得更远，更理性，更成熟。理论与实践的结合使大学生既有实践经验的积累,又有理性思维的优化,加速大学生思想方法的培育和提升。

第二节 着力点:虚拟与现实结合

虚拟与现实的有效结合是当今社会大学生实践的新形态,也是大学生思想方法非常重要的着力点。大学生作为虚拟社会实践的重要群体非常值得我们研究和关注。面对大学生思想成长和思维发展环境的重大变化,如何更新形态、转换观念,探索虚拟与现实结合的多种形式,促进现实社会与虚拟网络的深度对接与融合,形成网上与网下实践互补、互动的新格局,进而激活课堂系统理论灌输与讨论互动,切实提升思想政治教育方法的实效性。大学生思想方法的创新,要注意方法的综合运用,注意教与学的结合、显性教育与隐性教育的结合、理论教育与实践教育的结合、教育与管理相结合等。做好了这些结合,多种方法综合运用,才能形成有效的创新方法。随着"互联网+"时代蹁跹而至,虚拟空间已经跃居大学生思维成长发展的"第一空间",超过了传统的现实空间,成为影响大学生扣好人生第一粒扣子的"筑梦空间"。大学生在虚拟空间思维发展的特征和状态,在一定程度上影响着国家和民族发展的未来走向。虚拟空间已经深深渗入人们生活的各个方面,利用好虚拟空间,要帮助大学生培育正确的思想方法,提升他们对网络技术和虚拟网络世界的深刻认识。有人说,"一点不懂得网络的人是傻子,沉迷于网络的人是更大的傻子"。利用好虚拟空间这块思想政治教育的新阵地,把现实的思想政治教育方法加以延伸拓展,融入虚拟空间里,需要我们更加冷静地在基于现实的基础上利用好这把时代"双刃剑"。

一 网上与网下协调一致

当中华民族正在一步步走向伟大复兴之际,高等教育迎来了"90后"大学生这一不同于以往的受众群体。他们最显著的特点便是成长、生活在社交网络化语境之中。1987年9月20日,钱天白教授发出我国第一封电子邮件,拉开了中国人使用互联网的序幕。20世纪90年代随着我国改革开放取得辉煌成就,人民生活水平的显著提高,中国开始进入了互联网时代,21世纪中国互联网普及率超过了全球平均水平。"90后"大学生就是在这样不同于以往的社会背景下出生、成长,形成了自己独特的世界观、人生观和价值观。

互联网作为一个开发利用信息资源的全球性网络,引起了信息传播手段的巨大变革,并对世界政治、经济、文化、科技、军事等领域产生了深刻影响。因此校园网络也以日益迅猛的速度进入当代大学生生活的每个角落,成为大学生获取知识和各种信息的重要渠道以及表达思想、交流感情的重要场所,改变着大学生的生活方式、学习方式、交往方式、娱乐方式甚至语言习惯,对大学生的成长产生了深刻的影响。网上讲座、BBS论坛、电子信箱以及各类网站提供给大学生一个新的平台,他们的行为模式、政治态度、心理发展、道德观念等受网络的影响越来越大。

随着网络化时代的到来,世界每个角落都离不开网络的影响。大学生思想活跃,善于接受新鲜事物,对于互联网"情有独钟",而互联网所传递的信息必然会对他们的思想产生极大影响。"互联网进入大学"以较大篇幅论述了现阶段大学生受到互联网方方面面的影响,其中论及互联网对大学生思想变化的巨大影响。① 学生很容易受到网络游戏、网络电影的影响。爱荷华大学的安德森和布什曼对这个问题做了较为细致的论述。关于大学生在校生活的各种统计数据能在很大程度上反映出学生的思想变化情况,通过这些展现大学生的内心世界,并提出非常有效的解决措施。这些方面的内容可以在《大学生通往生命成功之路》这篇文章里管窥一二。

学校对于构建新形势下的网络传播方式有着得天独厚的优势。大学生普遍对校园网具有一定程度的归属感和认同感,通过校园网的建设,我们能够对青年学生的上网行为改围堵为疏导,加强网络对大学生思想意识的良性作用。如果校园网的信息流量足够大、网络速度足够快,大学生是更愿意从校园网上获取信息。可是,鉴于拥有个人电脑的低年级大学生并不多,所以校内电子阅览室,即校内网吧的建设显得更为重要。

高校应该发挥以校园网为主导的信息传导和资源供给方式的优势,使同学们能够快捷方便地获取健康的网络信息。通过加强建设校内网吧,配备更优质的硬件设备,加上校外网吧无法比拟的软件设施以及更低廉的价格,可以吸引更多的学生。另外,校内网吧应该与校内资源挂钩。如果校园网能够提供足够丰富多彩、能够满足青年学生各种需求的绿色

---

① Steve Jones. The Internet Goes to College. *Pew Internet & American Life Project*, September 15, 2002.

网络资源，包括实用性的软件、各种电子图书和电子期刊，娱乐性的电影、剧集和电视节目，交流性的学校BBS（论坛）、各社团协会开设的网站等，那么较之校外鱼龙混杂的网吧与网站，会更具有吸引力。

网络新媒体时代的加速推进，使移动互联网"异军突起"，进而推动"无断点互联"时代的到来。在信息网络技术得到极速推进的今天，大学生的思维和行为方式受到前所未有的冲击和影响，比以往任何一个时期更深刻，思想价值观念更加突显出多变多样。根据最新发布的第31次中国互联网信息中心（CNNIC）"中国互联网络发展状况统计报告"数据显示，在目前我国4.2亿手机网民和5.64亿网民的成分构成中，大学生是绝对的"主力军"，面对全世界最大的大学生网民群体，思想政治教育工作面临的要求更高、挑战更多、难度更大、任务更重。要充分发挥和有效利用网络信息技术的优势，使网上与网下协调一致，以虚拟和现实结合为着力点，全面助推大学生思想方法的优化提升，更好地契合大学生思想政治教育工作在网络时代的新要求。

运用新媒体对当代大学生进行教育。教育方式以说教为主是高校思想政治教育没有取得显著成效的一个重要原因。当代大学生与新媒体联系最为密切，他们每一天的学习和生活都与新媒体相关。因此，在对其进行思想政治教育的时候，教育者要更新教育手段，开展形式多样的活动进行教育，切忌说教。在活动中，要以学生乐于接受的方式进行。比如，在互联网发达的时代，辅导员开通微博，提出具有开导性的话题供学生讨论和发言，及时掌握学生的思想动态，开展正面引导和全方位沟通，解决学生们的思想难题并有针对性地对问题学生进行思想政治教育。

如何抢占网上思想政治教育的"制高点",是我们必须高度重视的问题。邓小平同志说过:"对象不同了,条件不同了,时间不同了,因此解决问题的办法也不同。思想政治工作者应尽快占领网络阵地。"① 当代大学生的理想信念与价值取向已越来越受制于网上新媒体。与网下传统媒体有着明显的优势,那就是网上新媒体早已穿越时空和地域的限制,已经把地球变成"地球村",不管你在哪个地区和哪个国家,只要有网络的地方,就能互联互通,而且网上的信息海量,不管是你想要上知天文、下知地理的,还是当今社会最新的事物等,只要通过"度娘"、谷歌引擎等点击就能知道你所需要的知识,速度相当惊人。使大学生与传播者的距离实现了光速的融合,对他们的各个方面的影响都比以往任何一代大学生相比都要来得震撼,总而言之,新媒体的社会功能已大大超越了其他所有传统媒体的功能,而且具备无可比拟的优势……这种网络社会深刻改变了人类社会的原有存在方式,深刻影响着公民、社会及政府的行为和组织方式。这些无与伦比的新特征使得思想意识形态的生存和发展空间在新媒体环境中获得无限制地拓展,思想意识形态的交流和冲突史无前例地频繁和多样。当前,网上新媒介已基本实现对大学生群体的无缝覆盖,像北大新生的"低头族",在校园的每个角落,你都可以看到大学生低头玩手机,看微信抢红包、看微博发私照,用手机听时尚歌曲等早已司空见惯,屡见不鲜。现在网上新媒体以不可阻挡之势全面渗透到大学

---

① 《邓小平文选》(第 2 卷),人民出版社 1994 年版,第 264 页。

生生活的每一个方面，微信摇一摇，手机 APP，可以用手机选择最实惠的吃喝玩乐方式，而且还可以享受打折赠送等各种活动，比传统媒体要来得快，省了很多时间和精力。手机各项软件的开发已经开始让网上新媒体无所不能，无所不为。这种诱惑使大学生难以阻挡网上新媒体的诱惑，如果不与网络新媒体保持一种密切的沟通联系，就会感觉被"OUT"于社会，被同学不认可和耻笑，我们的教育者有时都要向大学生"请教"手机等网络新媒体的使用功能。网络新媒体实现了自由的极大拓展，不分年龄、不分等级，只分先后，从而大学生很容易成为网络信息的引导者和传播者，他们的世界观、人生观与价值观的形成已经摆脱不了新媒体环境的影响。正因为如此，网络新媒体已经成为那些企图对我们进行"西化""分化"的西方国家用来加强对高校和大学生的思想意识形态的渗透力度和强度的新途径。《中国新媒体发展报告（2011）》明确提出，"西方媒体近年来加紧加速转战对华意识新空间……高度重视思想意识形态的移动化渗透……与此同时，针对网络新媒体迅速崛起而导致的传播格局深刻变化，美国基于传播效果和自身利益已经考虑对华进行传播战略转型"[①]。受西方网络传媒的影响，部分大学生对网络新媒体信息的盲目接受，使他们极容易出现主流理想信念与思想价值观的弱化，甚至对共产主义理想产生质疑，对西方国家的生活方式和所谓"民主"的政治制度产生盲目崇拜。"社会主义市场经济深入发展，特别是进入 20 世

[①] 黄金鲁克：《意识形态安全成最重要问题》，《中国教育报》2011 年 7 月 25 日第 4 版。

纪90年代以来,社会思潮和西方各种文化也随之加速对中国主流和传统文化的冲击,传统的思想政治价值观念也不断逐渐发生变化,很多大学生在潜移默化中自觉不自觉受到感染和影响。"①

求真务实是大学生思想方法提升必须坚持的原则。只有用求真务实的态度,才能真正实现网上与网下的协调一致,而不是空想口号就能解决问题。思想工作必须求真,实施"三贴近"原则,即贴近大学生的生活、学习和工作,只有坚持这些原则,才能真正了解大学生的真情实况,掌握他们的思想特点和规律,才能制定切实可行的社会主义主流思想意识形态的工作方针和政策;思想工作必须务实,满足大学生的思想需求,增加大学生喜闻乐见的形式和成分,即将思想意识形态的培育工作落到实处,能为大学生科学地认识世界和改造世界服务,不能把理论与实践相脱离,这样才能增强思想意识形态工作的实效性,既要重过程,也要重内容,摆脱各种形式主义的桎梏,采取多样化的形式,增强新时期思想意识形态工作的凝聚力和吸引力,把大学生的注意力重新吸引到思想意识形态中来,从而增强他们在思想意识形态工作的主动性、积极性和创造性。马克思明确指出,科学的理论能够指导实践,正确的理论只能来源于实践。一方面,大学生的思想意识水平与思维认知程度的提升需要系统的理论教育武装头脑;另一方面,实践教育能推动大学生思想方法的形成。换句话来说,大学生只有通过系统的思想理论教

---

① 李忠军:《意识形态安全与大学生政治价值观研究》,东北师范大学出版社2008年版,第131—132页。

育才能获取思想方法的提升，增强对思想方法的认知，通过对具体生活实践过程中知识的运用，实现理解、消化和吸收，从而巩固思想理论教育的成果，最终完成思想方法的自我内化。如果思想意识形态教育不采取客观现实与社会结合的方式和手段，仅仅在形式上无的放矢地空喊口号，是无法实质性解决大学生思想方法存在的问题，甚至加剧大学生对主流思想意识的反感，反而让他们更加认同西方思想意识教育模式，这种情况是非常危险的，也是不负责任的表现。只有满足了大学生对主流思想意识形态的需求，才能达到思想意识形态教育的预期效果。所以，大学生意识形态教育必须坚持从实践中来，到实践中去的工作原则，在实践中充分吸收一切有利于主流思想意识形态教育工作的有效形式和内容，丰富和发展主流思想意识形态教育的方式方法，增强其活力。与此同时，我们还要主动出击，积极引导大学生辩证地看待当前我国社会经济文化发展过程中出现的一些问题，帮助他们正确地认识这些社会主义初级阶段正常出现的矛盾和问题，这些情况西方发达资本主义国家之前也曾遇到过。及时消除企图"西化""分化"中国图谋的西方国家对我国法治、人权和民主批评的不利影响，转被动为主动，让大学生看清西方资本主义意识形态"普世价值"的真实面目。诚然，负面问题不能回避，但也不是想象中的可怕，可怕的是将信息封锁，让谣言满天飞，不利于社会的和谐稳定。党和政府要及时加强对相关信息公布的透明度，让事实大白于天下，既体现国家在处理这些问题时的决心与勇气，真正按照马克思主义基本原理的本意来解决这些问题，也让大学生不觉得这是政府和有关部门在作秀，而是真心诚意地处理问题，毫不避讳问题的存在，那么社会主义主流思想意识形态的生命力将获得极大增强。

高校要主动出击，积极应对西方思想意识形态对大学思想文化建设的冲击，打破传统的单纯理论灌输模式，进行思想方法培育的理论创新，提升高校思想意识形态教育的战斗力和抵抗力。要完成这一目标，就必须克服高校思政课重灌输、轻主体的原有错误陈旧方式，引导大学生对主流思想意识形态和其他思想意识形态实质对比和分析，通过对其思想本质的对照，结合现实生活中欧美国家繁荣背后的一面，将西方经济危机的实质彻底剖析，从而达到增强大学生对我国主流思想意识形态的坚定信心和信念的目的，从而增强理论自信、制度自信和文化自信。同时加强对西方思想意识形态蛊惑性的免疫力，构筑西方意识形态渗透的无形"防火墙"，还能充分吸收西方思想意识形态的合理因素为我所用；还可以打造一支高素质高水平的大学生思想意识形态教育网络部队，并做好长期的战斗准备，打持久战，使网上网下协调同步。

积极主动地占领网上新媒体的舆论高地。新媒体环境并不可怕，也并不高深莫测，只要掌握了它的运行规律和实质特点，就能转被动为主动，为我所用。网络技术和信息化在进入21世纪以来，实现了它的"大跃进"式发展，网上新媒体纷纷借此平台如雨后春笋般展现在世人面前。如何帮助大学生在纷繁复杂的虚拟空间和现实社会中打造务实理性的结合枢纽，需要我们积极主动地思考和行动，既然不能"堵"，那就加以正确疏导和利用，用辩证思维掌握这把"双刃剑"。首先，要充分发挥大众传媒对社会主义主流思想意识形态的正面宣传与导向作用。各种多元多样多变的思想价值观念在新媒体环境中，只能以不同形式对大学生群体进行思想价值观念的投射与渗透，从而使其与思想意识形态发生摩擦、冲突和对抗。而大众传媒的正面宣传教育功能十分强大，西方的"西化""分化"思想是不可能通过大众传媒的正面宣传而进入中国社会的，所以大力弘扬社会主义主流思想价值观，自觉增强抵御西方思想意识形态的能力，能为大学生群体思想意识价值观的成型奠定基础性作用。其次，要让大众传媒占领网络新媒体的高地，使之熟悉网上教育模式，掌握网上思想舆论的主动和控制权，并全力打造深受大学生欢迎的大众传媒与网上新媒体的校园文化环境。最后，加强网上新媒体的管理与服务体制建设，在为大学生所需各种信息提供便捷服务的同时也提供必要的指导。美国哈佛大学的凯斯·桑斯坦教授认为：人们自己选择信息的过于自由容易导致社会的有效集中，形成分散的状态。"异质社会能从经验分享里获得受益……经验分享能增进社会黏性，形成共识，帮助人们解决共同需要面对的问题，鼓励人们加强团结，增强认同度，视他人为同胞，有时还能确保人们以更理性的方式面对真正的问题，鼓励人们视他人为同胞，有时还能确保人们对真正的问题和需求有所深刻认识，甚至帮助人们正确认同自己"①。诚然，我们需要为大学生打造一个分享实用具体价值的有效健康环境，但并不是一个绝对自由，充满"黄赌毒"信息完全泛滥的网络新媒体环境，这一点必

---

① [美] 凯斯·桑斯坦：《网络共和国》，黄维明译，上海人民出版社2003年版，第74页。

须要认识清楚。所以信息生产和传播媒介必须要有底线责任意识，而且应按还原事实真相的原则进行思想意识形态交流，本着对国家、对社会、对人民负责的原则来进行网上思想信息传播工作，积极培育和提升大学生思想方法，还大学生思想方法一个长期有效、科学健康的虚拟和现实空间。

由于网络新媒体与生俱来的开放性、个性化、共享性和自由性的优势特征，使得其具有极强的生命力和无可比拟的优越性。要让主流思想网络舆论阵地保持对大学生持久吸引力和强大影响力，就必须将传统与现代传播理论有效结合。首先，狠抓主流网络媒体的建设，突显主流思想意识的强大正面宣传攻势。我们通过实践调查发现，随着网民的对网络新媒体运用的日渐理性和成熟，他们不会轻易改变对主流媒体的自觉依赖，特别是大学生这个特殊群体，具有较高文化素质且受过良好系统教育，他们往往青睐那些充满正能量的网站和论坛互动媒介，如人民网的"强国论坛"、国际在线的"管窥天下"、新华网的"新华论坛"等一些重要新闻网站，可见大学生对国家发展和天下大事还是非常关心的。因此，继续做好这些品牌主流公众网站建设，加强对大学生思想方法的正面引导，让真实、可靠和权威的正能量占领虚拟和现实空间的主流市场，帮助和引导大学生对正面舆论进行理性的分析。其次，不封锁信息，及时公开信息，增强信息的透明度和可信度。增设网络宣传发布平台，让大学生能及时了解和掌握信息，有足够的知情权，要想让我国的主流网络新媒体传播在国内外网络媒体中占据主动权和优势，就要继续增进大学生对我国主流网络思想意识的信任和依赖，提高主流思想信息的透明度和可信度。在当前网络新媒体传播途径已日益多元化和多样化的形势下，既要让丰富多彩的正常信息展现在大学生面前，又不能对信息过于控制，除了对"黄赌毒"等不利于社会发展和反动信息进行彻底式的封锁外，也要倡导信息的多样化和多元化，这样能避免信息封锁过头而造成信息短缺的局面，从而不让谣言四起，也能让信息不再神秘。若漠视他们的基本知情权，企图以封锁消息来达到舆论引导的目的，那么就相当于将主动权拱手相让，要重新夺回来就很难了，就要耗费更多的人力、物力和财力。所以，只有向大学生和其他网民及时公开事实真相、表达客观观点，我们才能牢牢掌握思想方法的主动权和控制权，不然，只能造成与我们的目标截然相反的局面。

在网络新媒体的运行过程中，大学生并不是一个盲目、消极和被动的接受者，而是自身有着主动性、选择性、积极性和创造性。面对纷繁复杂的网络信息，大学生根据自身的能力和素质，有选择性地吸收对自己思想意识形态有利的信息并加工处理变成自己的知识体系的一部分，从而丰富自己的知识阅历和进行知识积累，也会凭借课外书籍、广播电视等大众媒介进行有选择的获取。同时在有主体能动性的情况下，根据自己思想意识形态发展的需要，对国内外信息进行有选择性的吸收。剔除不良信息或错误的消极信息，提升思辨能力，增强自身思想政治素质，提升思想方法的能力。

互联网技术的迅速传播和广泛应用把人类带入了网络时代，信息网络是一把"双刃剑"，集祸福利害于一"网"。虽然网络以其无限缩短现实距离的方式加强了大学生与社会之间的交往，但这种交往方式再怎么超越时空的界限，终究还是要回到现实中来，部分大学生沉溺于网络虚拟社会空间的交往，却使现实的人际交往出现了障碍，造成大学生离开网络就觉得心空荡荡，心虚，不知道该干什么，离开了手机，心就找不到落脚点；一回到虚拟网络空间，就变得生龙活虎，浑身都有精神，全身都有使不完的劲。对现实世界的脱离，使大学生情感需要出现问题。网络虚拟空间再美好也只是虚拟不能变成现实，毕竟我们生活仍然需要回到现实生活中来，仍需继续成长，人生只能继续往前走，网络媒体只是帮助我们认识世界和改造世界的一种工具，不能代替我们现实的生活。所以有必要在高校为大学生开设上网指导课，让他们学会如何正确地使用网络新媒体这个工具，懂得该怎么做，如何做和哪些不能做；如何充分挖掘网络虚拟知识宝藏，如何结合专业加强网上学习等问题。网络新媒体的全面推进，已经渗透到大学生生活的每一个角落，它既不是洪水猛兽，也不是万能的主，我们既要充分发挥它的积极作用，也要把控住自己的思想意志，不要成为网络的工具。没有网络，我们的社会生活照常进行；有了网络，我们的生活可以增光添彩。

随着互联网在中国的普及，上网已然成为人们的一种休闲方式和生活时尚。大学生思想方法在内容本质上具有独特的求异求新，其活动形式的多元多样多变特点，决定了他们是网民的主体。网络新媒体促进了大学生思想观念的更新和思维方式的改变，如平等意识、学习方法观念、全球化观念和效率思维等。在与网络新媒体的不断接触过程中，大学生思想意识形态不断成长和发展，然后在与信息化社会磨合的过程中迅速成长，从而成为引领时代的弄潮儿。

网络新媒体技术的广泛运用，已经渗透到人们日常生活的每一个方面。在这个斗转星移、不断开放发展的网络新时代，给大学生思想方法的调研工作带来一定的机遇，也形成了较大的挑战。

和其他学科的调研相比，思想方面的调查较为复杂。因为我们研究的对象是大学生，而大学生正处于人生思想心理成长成熟的关键期，现多为"90后"。据我们调研前的初步了解，包括借鉴有关专家学者相关的研究数据和情况统计分析发现，大学生个性张扬，对新鲜事物的认同度较高，接受性较强，思想不稳定、多变，这就给我们设计调查问卷和调研的方法增添了难度。他们对传统的思想方法调研已相当熟练，对我们的调研目的、调研方法和预期结果都有一种无形的暗示度。从某种程度上来讲，这有利于调查工作的顺利进行，但同时调研结果的质量也大打折扣。即大学生在被调研时常随心情的变化而变化，不可控，有时会倾向于选择调查者希望得到的答案。导致调研过程中出现较高"社会期待效应"，或已对传统调研方法出现"审美疲劳"，应付了事，对整个调查数据结果统计的信度带来影响。而且，在经济新常态、国际新格局的形势下，特别是当前我国社会经济体制改革已全面进入"关键期间"和"深水区域"，深层次的社会矛盾和问题逐渐暴露在世人面前，使大学生群体对这些问题产生思想困惑，导致他们在价值取向、道德选择和思想观念等方面呈现出日趋复杂的变化。这些都对大学生思想方法培育调研的传统方法的信度和效度提出了质疑，构成了一定的挑战。

网络新媒体时代，速度是成功的关键。就像"淘宝""天猫"、腾讯QQ、微博和微信，它们赶上了中国社会发展进步的关键时期,如果再来第二个"淘宝""天猫"和腾讯,那么很难再创造出奇迹,因为互联网已经在神州大地普及,网络秩序已日趋成熟,很多事情已经不能从头再来。"如果说80年代是注重质量,90年代是注重再设计,那么21世纪的头10余年就是注重速度",美国互联网巨头比尔·盖茨曾在《未来时速》一书中做过这样的著名论断,这个论断已经成为现实。网络新媒体对社会生活各个领域的全面融入和渗透,不仅带来了信息自身的增长和传播"提速"的变化,更是实现了人们思维方式和思想变化的"大提速",彻底打破了传统的思维方式,这个影响比世界前几次技术革命要更大,来势更凶猛,3D打印机的问世,大众创业、万众创新和APP创业体系都与网络新媒体息息相关。传统的大学生思想方法培育调研模式,从设计调查问卷—专家认证—调研统计—分析整理数据—调研报告这一系列的环节中周期比较长,特别是在统计整理数据中,这个过程耗费大量的人力、物力财力。待研究结果出来时,大学生思想意识形态又发生了一些新的变化。特别是在一些突发群体性事件或公共安全事件爆发后,大学生往往是用最新、最敏感、最活跃的身份,主动参与到整个事件中来,纷纷通过微博微信和朋友圈等来表达自己的看法和观点,而对这些新媒体上更新的网络思想信息,传统大学生思想方法的调研是很难在第一时间内掌握和捕捉得到的。

网络新媒体技术助推大学生思想方法的调研创新。从某种程度上来说,每一次新技术革命都会助推调研方法的不断革新。比如20世纪70年代在西方发达国家诞生并得到推广的电话,使得电话作为一种调查手段迅速在各种调查机构中得到广泛使用,极大地提升了调研部门和机构的调研效率和速度;而自20世纪90年代以来,现代信息技术的逐渐推广,特别是互联网技术深入人们生活的每一个角度,调研者充分运用互联网的海量数据和资料技术优势,实现了新技术的全面改进和提升,推动了调研方法领域的新一轮改革浪潮,网络调研就是调研与互联网技术有效结合的一种新型调研方式。将网络调研与大学生思想方法培育的调研有效结合,是我们创新大学生思想方法并培育调研方法的一种积极有效的尝试与探索。

网络问卷法在大学生思想方法培育调研中的运用,并不仅仅将传统思想调查纸质问卷放在网上调查这么简单,而是要时刻关注和紧密结合大学生群体日常的网络特征,具体包括使用网络的习惯、网络语言的使用或网络行为的表达,还有网络与现实的心态差异等诸多因素也需纳入考虑之中,对问卷进行科学合理的调整和"再设计"并进行有效发放。网络问卷在结构内容设计上,紧扣大学生思想方法培育的主题并开展针对性地调研,用网络流行的文字描述贴近大学生的网络特点;要尽量增强问卷页面的美观度、设计感,在页面颜色及美化、字体字号、多媒体技术使用、嵌入式程序设计和分页设置等方面均须遵循"友好反馈界面"原则,综合运用多种方式和技术,以更好地符合"90后"大学生的需求特征和群体特点,以适应他们的喜好倾向和网络阅读习惯等,切实提高大学生网络问卷调查参与的积极性和热情度;通过移动客户端和网络站点Web等大学生常用的网络渠道进行问卷发放,尽量用他们喜闻乐见的形式进行简单易行和快速便捷的问卷填写和完成调查。

主动占领网络主流舆论阵地

（一）抢占移动新媒体上的马克思主义主流思想意识形态阵地。其一，全面推进马克思主义优秀理论作品的数字化建设，特别是一些经典著作的数字产品，使大学生能在移动新媒体上随时随地阅读和学习。建立一批旗帜鲜明的马克思主义经典著作和马克思主义大众化和时代化的优秀网站，倡导网络主流思想的主旋律，做到及时更新网络主流思想信息，开辟网络思想热点专题平台栏目，巩固和保障社会主义主流意识形态在网络新媒体中的强势主导地位，为民众自觉接受和认同社会主义主流意识形态提供数字化载体服务。其二，进一步提升和强化马克思主义主流意识思想在网络上的吸引力和凝聚力。加强主流意识形式和内容在网络上的创新和塑造，将部分经典著作以大众化和通俗易懂的方式推向网络平台，发挥主流思想意识形态在网络中的主导性作用。以主流意识形态的科学性为主进行网络舆论宣传，形成一种文化关怀的网络亲情氛围，使以人为本、自由、公正和平等等理想价值观念，通过网络传播发散到社会的每个角落，使整个社会中形成一种共识，为主流意识形态形成动力支撑，从而丰富和拓展网上主流思想意识的发展空间。加大对网络意识和网络观点的聚合和统领，整合网上网下主流意识形态的文化方式。提升与民众交流的互动程度，将网络大众紧紧团结凝聚在主流思想意识形态周围，从而获得对社会主义主流意识形态的自觉认同和对其积极践行。

（二）加强高校校园网络思想意识形态建设，筑牢高校网络主流思想阵地。其一，巩固和拓展校园网络教育的正面导向功能。充分利用高校作为主流思想意识形态主阵地的正面功能，拓宽校园网络主流意识形态理论宣传的主渠道，丰富传播手段和途径，构建覆盖广泛、快捷传输的传播运行体系，不断满足大学生多层面和多样化的精神文化综合需求，及时为他们释疑解惑，针对他们关心的各种焦点、疑点和热点问题，结合具体实际进行一一解答，彻底解除他们心中的困惑，从而增强他们对主流意识形态的认同与共识。其二，增强对校园网络舆论引导功能。营造唱响主流思想理论宣传的主旋律的校园网络氛围，有意识地加强对主流意识形态的宣传引导，及时在校园网络上传播马克思主义中国化在当代的新成果新成就，及时公布和更新重要思想信息。规范建立健全校园网络发言人制度等长效机制，对大学生关注的现实问题和重大理论予以及时解答，加强校园网络对大学生的舆论引导力度。其三，完善构建校园网络的自律机制。落实高校校园网络安全管理责任制，并具体落实到个人，严格规范高校校园网络安全管理规章，建立一套完全严格的主页和网站审批制度，强化高校校园网络安全的防卫工作系统，优化高校校园网络舆情监控平台，建立规范、开放和科学的校园网络管理舆论监督机制，进一步完善有关网络舆情信息的分析反馈和收集的工作体系，全面加强对网络非主流意识形态领域的控制与监管，杜绝不良网站、"黄赌毒"不良信息侵袭，严防黑客的网络攻击等。在校园内开展网络安全道德教育活动，加强大学生对网络系统法规的学习和培训，把大学生"网民"的头脑用科学的世界观、人生观和价值观全面武装起来，让民族文化的优秀成果走进大学生"网民"的心灵深处，努力增强大学生网上自律能力和自控意识，全面提升大学生"网民"的综合素质，帮助他们抵御和防范各种不良信息的侵蚀。

网络文化对主流意识形态的消极影响。网络新媒体的全面推进，网络文化给大学生各个方面带来很大的变化，深刻影响着大学生的行为方式、思维方式、世界观、人生观和价值观等各个方面。网络文化作为一把"双刃剑"，对大学生主流思想意识形态产生了两种截然不同的影响。一方面，网络为主流意识形态开辟新的渠道和方式，进一步拓展了主流思想的传播途径，缩短了主流思想与大学生"网民"之间的距离，与此同时，通过网络的互动，主流思想能吸收其他思想的有益成分，获取大量有价值的信息和知识并为我所用，极大地丰富和发展了马克思主义主流思想意识形态的内容和形式。另一方面，网络上的信息和资源鱼龙混杂，各种各样的思想在网上均能找到自己的生存空间，并非我们想象中的一片净土，到处充斥着形形色色的思想内容和形式，这无疑给主流思想意识形态的发展带来了严峻的挑战。网络兼收并蓄的特点使各种信息无所不在，无所不有，这就从某种程度上决定了网络文化内容的庞杂和混乱，存在着各种各样的问题，如有些文化内容缺失道德维度，有些文化内容充斥着文化霸权主义，大量虚假信息在网络上横行，甚至存在网络信息战、网络犯罪、网络恐怖主义在网络上公然威胁国家主流意识形态安全的新情况。西方发达国家标榜"自由、民主和平等"的西方普世价值观、资本主义生活模式等腐朽思想也公然在网络上自我吹捧、自我吹嘘，对马克思主义思想意识形态的主导地位公开挑衅。大学生作为广大网民的主体部分，虽然其世界观、人生观和价值观已经基本形成，但仍有待进一步发展成熟，尤其在辨别是非和判断信息真伪方面仍有待提升和加强。所以,如何牢牢掌握网络文化这块阵地的主动权,加强对不良信息和文化内容的抵制,让健康有益的信息在网上散播开来,成为维护主流意识形态的坚强手段,已经成为当前高校校园主流意识形态不能回避的重大课题。

加大网上正面宣传和引导的力度,坚守校园网络的主阵地。牢牢掌握校园网络正确舆论导向的主动权,将广大师生的思想认识统一到主流意识形态上来,并同各种不良信息和思想进行坚决有力的斗争。

日益发达的网络技术和信息手段,使网络新媒体能容纳海量的信息,各种各样的资源均可以从网上找到,其拥有的信息内容涵盖天文地理、人文社会、经济政治等各方面的信息,你随时可以通过网络渠道获得。大学生所处的知识层次和年龄阶段,决定了他们对了解外面变化发展的世界有着强烈的欲望,对一切未知的知识他们都表现出了比较深厚的兴趣,而网络新媒体以其海量且不断更新的信息基本上满足了他们探索和发现知识的需求。日益开放多元的社会形态,为大学生的成长提供了机遇和平台,为大学生对新知识、新事物的渴求创造了很好的前提和条件。与此同时,也引发了一系列比较突出的问题需要我们加以反思。其一,网络新媒体已经成为大学生活的一部分,很多大学生依靠网络聊天、网购和网络游戏来打发时间。而且,完成作业靠电脑复制抄袭打印,不再用手写,汉字书写受到极大弱化。手机也成为大学生生活不可或缺的一部分,由于手机与网络新媒体的有机结合使其功能不断增加,手机游戏、网上视频交友聊天等软件日益繁多,使大学生对手机越来越依赖,最近出现的北大2015级新生"低头族"就是当今大学生的真实写照。其二,网络新媒体信息监管机制有待完善，网上各种信息混杂在一起，大学生由于本身生活阅历不深，与社会接触较少，缺乏社会实践经历和社会政治经验，面对许多复杂社会问题的看法往往偏向片面和简单，容易被社会和网络上的一些错误言论和观点所误导，甚至被网络上的一些不良信息利用从而使自身的身心健康遭受毒害。随着网络环境愈来愈深入当代大学生日常生活，在其发挥积极作用的同时，也在网络舆论引导、网络道德法制建设等方面出现了新问题。

随着网络科技的不断发展，新兴网络事物层出不穷，大学生获取信息和发布信息的渠道日益多样化。随着多元化信息不断呈现在高校大学生面前，形形色色的社会思潮必然对大学生的思想形成巨大冲击。一方面大学生的思想逐渐呈现出多样性和差异性，独立思考的能力越来越强；另一方面由于辨别是非能力还有待成熟，人生观和价值观建立尚不够牢固，很容易受到负面影响而导致思想偏激。同时，不少大学生沉迷网络，尤其是沉迷网络游戏，占据了大量宝贵的学习和课余时间，逐渐侵占学生参与第二课堂和社会实践活动、体育锻炼的时间，为培养德智体美全面发展的优秀大学生的工作带来较为严峻的挑战。

"90后"是伴随着中国信息飞速发展的一代。"90后"大学生是在新媒体背景下成长起来的一代，新媒体和信息技术对他们的学习和思维方式产生了深远影响。调研表明，在新媒体中，以网络为载体的新媒体成为大学生喜爱程度最强的媒体。因为大学生的知识体系与新媒体的技术要求相符，作为正处于知识习得阶段的"90后"大学生而言，紧跟时代潮流，对网络技术的熟悉程度要远远超过其他年龄层次的人群。例如，在2008年"3·14"事件的不实报道中，大学生正是凭借着自己的知识，通过新媒体这一平台和载体撼动西方媒体。也正是由于他们与新媒体联系密切，他们的创造性才得到充分激发，创造出很多富有个性的东西。"个性"是"90后"大学生的一个突出特点，甚至成为这一代青年人的代名词。

因"境"施教，发挥网络思想政治教育的正能量。首先，要与时俱进地更新理念。针对网络开放性的特质，要在进行民族文化、传统文化教育的同时，逐步树立与网络社会相适应的开放化、国际化意识，拓展观察、处理问题的开放性视野；针对网络交互性的特质，要树立教育民主化的观念，正视大学生从各种渠道获得信息的权力和自我判断的能力，并与他们进行民主对话和讨论，在交流互动中帮助学生提高辨别能力；针对网络隐蔽性的特质，要以尊重和亲和的心态走进学生的心灵深处，获取学生最真实的思想、心理动态，从而更深入有效地开展思想教育工作。其次，要积极主动占领阵地。要在坚持正确价值观导向的基础上，广泛建立具有可读性、服务性的教育网站，让网络主流文化深入学生可触及的每一个"角落"。要开展丰富多彩的网络思想政治教育活动，真实地了解大学生的思想动态、心理状况、行为特征和道德状况，帮助他们解决学习和生活中的难题，增强网络思想政治教育的吸引力和实效性。此外，要对聊天室、论坛等社交平台进行实时监督管理，把健康向上的主流文化有机地融于安全的网络之中。

二 梦想与实际融为一体

习近平总书记在2013年同各界优秀青年代表座谈时的讲话中指出,"人类的美好理想,都不可能唾手可得,都离不开筚路蓝缕、手胼足胝的艰苦奋斗"①。"中国梦"是全体中国人民共同的梦想,但需要我们与实际紧密结合,融为一体,才能实现。大学生是祖国的未来和民族的希望,是坚定实现"中国梦"的重要后备力量。"中国梦"为大学生施展才华、发挥聪明才智提供了实践的平台。诚然,"中国梦"是大学生个人理想的凝聚和升华,与大学生的思维习惯相符合,表达了大学生对美好生活的向往和追求,提供了大学生积极进步和勤奋学习的精神动力。以传播中国梦为落脚点,深入开展大学生科学思想方法的培育,实现中华民族的伟大复兴。号召大学生敢于担当,勇于肩负起时代赋予的神圣使命,实现个人价值与社会价值的紧密融合,"中国梦"和"个人梦"有效结合,国家命运与个人命运紧密相连,让大学生脚踏实地、勤奋努力和志存高远,放飞自己的青春梦想。

中国梦是基于对社会主义建设规律、中国共产党的执政规律和人类社会发展规律的深刻认识,是一种科学命题。把实现国家富强、民族振兴和人民幸福作为基本内涵目标,将国家、民族与个人看作一个命运共同体,现实、理想与历史有机相连,凸显出鲜明的实践性、人民性和民族性。

---

① 习近平:《在同各界优秀青年代表座谈时的讲话》,《人民日报》2013年5月5日。

"中国梦"是梦想与实际的结合。"中国梦"是全体中国人民共同的梦想,需要我们每一个中华儿女的共同努力。而大学生作为民族的希望,国家的未来,当代大学生的思想行为模式、思想价值观念很大程度上决定了未来社会的发展情况,因此,在当代大学生中大力弘扬"中国梦"的重要思想方法,培育以爱国主义和改革创新为核心的民族和时代精神,对于实现民族振兴、人民幸福、国家富强具有重要意义。

梦想与实际的结合需要大学生来实现。当代大学生将见证中国梦实现的全过程,是实现两个一百年奋斗目标的中坚力量。大学生身上肩负着如此重任,理应不畏困难、艰苦奋斗,为实现"中国梦"贡献出自己的一份力量。可现实情况不容乐观。主要表现为,首先,大学生缺乏远大理想和坚定信仰,个人理想和国家命运联系不紧密,过分关注个人利益,对国家大事关心度低。其次,大学生目标不坚定,缺乏实际行动和奋斗精神。最后,大学生自制力不强,容易被外在事物的诱惑牵绊,从而导致学习拼劲不强,思维懒散。面对这个物质高度繁荣的社会,大学生内心浮躁,缺乏奋斗精神和社会责任感,没有过硬的专业本领和专业素质,没有良好的道德修养和科学素质,没有一针见血的行动力和果断力,大学生连个人的梦想都无法实现,中国梦从何谈起?又怎么担得起时代赋予的神圣使命?因此,改变大学生的精神面貌刻不容缓。

梦想与现实的结合也是大学生的"梦"。中国梦是国家的梦,也是中华民族的梦,更是广大大学生的梦,作为中国发展的后备军和主要力量,大学生个人的发展与国家的发展紧密相关，中国梦的实现很大程度上取决于大学生的思想方法的提升。当代大学生为实现个人梦想而努力学习，就必须认识到这一事实的重要性，艰苦奋斗，在实践活动中为实现中国梦奉献力量。首先，大学生应该树立中国梦的远大理想，坚定理想信念，以社会主义核心价值观为行动指南。回望历史，无数革命先烈为国家独立、民族解放抛头颅，洒热血，为中华民族伟大复兴献出了宝贵生命。雄关漫道真如铁，而今迈步从头越。近代史是一部活生生的血泪史，生在和平年代的大学生，应当树立远大理想，决不让历史重演，铭记历史，毫无保留地为实现中华民族伟大复兴贡献自己的一份青春和力量，把中国梦与自己的梦想紧密相连。

梦想与实际的融合需要自觉践行和培育社会主义核心价值观。党的十八大明确提出社会主义核心价值观，国家层面，表现为富强、民主、文明、和谐；社会层面，体现为自由、平等、公正、法治；个人层面，爱国、诚信、敬业、友善，三个层次有效构成社会主义核心价值观的主体结构，大学生思想方法的方向已指明，自觉认同并践行和培育社会主义核心价值观是广大大学生的责任和义务。首先，大学生要在思想上接受和认同社会主义核心价值观，并且在行动上践行，形成良好的行为习惯，不断提高自己的道德素质，促使整个社会都形成一股齐心协力跟党走的良好社会风尚，积极促进中国梦的实现。其次，大学生要练就过硬本领，脚踏实地，勤学苦干。社会在转型和发展，需要不断进行创新，因此更需要创新型人才。国务院总理李克强提出大众创业、万众创新，特别强调大学生要有创新观念，为社会转型、产业升级添加新动力。创新观念从何而来？首先要有科学的思想方法，其次要有深厚的知识根基和理论基础做保障，否则就会陷入巧妇难为无米之炊的尴尬境地，成为无源之水，无本之木。再次，读万卷书，不如行万里路，大学生还要拥有丰富的生活阅历和社会经验。实践作为检验真理的唯一标准，只有通过不断的实践从而获得新的认识，再提升我们的创新理念，之后才能使梦想与实际融合。只有了解深入透彻，见多识广，才能更好地被实践所认知。最后，在追梦的路上，难免会有失败，大学生要在反思中不断总结。失败并不可怕，而应该在失败中越挫越勇，磨炼意志，总结经验教训，这是实现梦想最为重要的法宝。我们要摸着石头过河，用科学的思想方法指导实践，不断探索前进的方法，创新观念，获得经验。

梦想与实际的融合也是大学生思想方法的目标。中国梦要与大学生的梦相衔接，无数个小小的梦汇聚一起便是我们的中国梦。在这个过程中，我们要始终坚持中国共产党的领导，用马克思主义科学思想统领中国梦，用中国特色社会主义理论体系武装大学生，努力培育和践行社会主义核心价值观。大学生只有在行为上符合社会规范，在思想上与国家保持高度统一，在行动上牢记时代使命，用科学的思想方法武装自己，努力把自己塑造成一个有担当有责任感和不辱历史使命的时代青年，才能实现梦想与实际的合一。

三 隐性与显性辩证统一

美国的《哈珀柯林斯社会学词典》指出："显性教育与

隐性教育，是围绕同一目的采取的不同的思想方法。"① 隐性与显性是思想方法形成过程的两种手段，它们都存在于辩证统一思想方法的培育过程之中。

从人类社会的长期实践来看，显性教育不仅是人们进行思想教育的有效途径，同时也是人类社会历史文明得以传承的主渠道。因此，科学思想理论需要显性教育来实施，涵盖马克思主义理论与中国特色社会主义理论体系，还有社会主义核心价值观在内，其他科学和自然科学理论同样需要显性教育。因为这些知识是在人类生活中自发产生的，不是从天上掉下来的，而是由牛顿、爱因斯坦、爱迪生等一大批优秀科学家，在总结人类生产生活的经验和成果的基础上，进行了大量实验，同时也得到一大批知识分子响应和认可，通过他们系统传播开来的。摩擦生热的常识，大学生可以在实践中获得，而功能转化和能量守恒的科学定律也只有通过显性教育才能获得；热水烫手的经验，大学生可以在日常生活中得到，有关能量和温度的科学定义只有通过显性教育来获得，不仅如此，向大学生进行显性教育是十分可行而且也是很有必要的。只有这样，才能让他们避免陷入错误和迷信的怪圈。对大学生进行科学知识的显性教育，这些曾经被人们奉为经典的命题，像"物种神创"和"重物自由度大于轻物"以及"地球中心说"等错误学说还会有人深信不疑。我们不难发现，科学思想和理论只能在实践中获得提升，根本不会自发在大学生的大脑中形成。如果不对大学生进行科学

---

① 罗洪铁：《思想政治教育原理与方法基础理论研究》，人民出版社2005年版，第287页。

思想理论的系统显性教育,其成长过程就会受到种种错误思想的干扰和影响。

人们对显性教育还是存在一定的模糊认识。部分观点认为,显性教育只适合知识水平低的人,没有必要对大学生进行系统显性教育,大学生有较强的自学能力,知识功底较深,能够通过自我教育而掌握马克思主义实事求是的思想方法。这种说法是错误的,没有科学的依据,持这种说法的人根本不懂得显性教育与自我教育的联系和区别。显性教育与自我教育是辩证统一的,统一于大学生思想方法的形成过程之中。其一,显性教育只有通过自我教育,才能让大学生消化和理解,从而得以实现;其二,自我教育以显性教育为前提和基础,不然的话,自我教育就成了无本之木,无源之水!诚然,显性教育具有较强的系统性、目的性和正面性,整合自我教育存在的随意性和零碎化信息,帮助大学生克服理解上的障碍;另外,从主流意识形态角度来看,大学生思想方法的培育体现的是社会主义国家意识的主流形态,观点、方法和立场的问题明确,只有通过显性教育才能系统掌握国家主流意识形态,如果一味强调大学生的自我教育和自学,而否定显性教育的作用,则犯了唯心主义和形而上学的错误。

大学生要进行科学思想方法的实践,首先就必须让大学生形成明辨善恶的分析能力。实践离不开理性教育的指导。人知恶必不作恶,知善必行善。显性教育作为自我教育的前提和基础,同样不可缺少。毛泽东曾提出:"一个人的知识,由间接经验和直接经验两部分组成。"[1] 因此,隐性教育与

---

[1] 《毛泽东选集》(第 1 卷),人民出版社 1999 年版,第 288 页。

显性教育的有效结合，才是促进大学生科学思想方法形成的必经途径。

隐性教育的思想早在20世纪初克伯屈和杜威的著作中已经出现，但当时人们对此没太多的在意。直到1968年，杰克逊首次在其专著《班级生活》中提出隐性教育的概念，并很快受到众多学者的极大关注。隐性教育也被称为自发教育、潜在教育、"非正式教育"、隐蔽教育、无形教育等。多样性的用词说明了人们对"隐性教育"理解的多样化。一般来说，对隐性教育的理解应是相对于显性教育而言的。显性教育是指有明确陈述的教材，并要在测验和考试中考核其教育教学目标和正规教学内容的系统课程教育。隐性教育是指对教育对象起潜移默化作用、难以预期的教学内容，它伴随着正规教学内容随机出现而实行，它蕴含在学校的各种情境教育中，如学生课外活动、校园环境、师生关系、教师人格、教师组织、同学关系、规章制度、学生组织等。

（一）教育内容的渗透性。隐性思想方法的培育就是把教育内容渗透到个人的生命活动和社会实践活动之中。或者说，是把思想方法培育的要求融入个人成长成才、文化欣赏和娱乐等活动之中，起着隐性价值导向作用。而显性思想方法的培育则是有内容与形式和明确目的的教育。隐性思想方法的培育是将内容慢慢渗透融入活动环境当中，是一种含而不露的非"标签"式教育，帮助大学生在潜移默化过程中接受马克思主义实事求是的思想方法培育。

（二）教育目的的潜隐性。隐性思想方法的培育是指教育者把教育的目的和要求巧妙地隐藏在日常生活、大学生喜闻乐见的活动和实践活动之中，使其在进行活动的同时，无形中接受正确思想方法和思维方式的影响。这种目的的潜隐性是相对于显性思想方法培育而言的，即不像显性教育那样，采用公开的手段和方式把教育目的向大学生直截了当、开诚布公地表现出来。隐性思想方法培育则是以种种巧妙的方式进行，把目的潜隐起来，让大学生在无意识的过程中接受思想教育，丝毫不会感觉和注意到自己正在被教育和"改造"，使大学生无反感地积极地参与，从而实现教育的目的。

（三）"非正规"性的培育方式。相对显性思想方法培育的"正规"形式而言的，隐性思想方法并没有采用显性教育正规课程的形式，而是充分利用大学生在社会生活、日常生活中本身存在的各种形式活动，如人格影响、组织管理、社会文化因素和职业活动等对大学生进行教育影响的形式。多样性、灵活性、愉悦性是这些"非正规"形式具有的优点，大学生容易接受，涉及的范围广，效果丝毫不比显性教育差。在西欧和美洲一些国家，学校思想方法的培育大量采用这种"非正规"形式来传输实质性的思想内容。其学校的学生工作机构，事实上履行着思想方法培育的职能，在开展各种活动，日常管理，运用咨询、辅导、答辩、参与、讨论等方式进行，使大学生不知不觉地、自觉自愿地接受和认同思想方法的培育。

（四）大学生接受的自主性。隐性思想方法的培育更能调动大学生的能动性和自主性。由于大学生特有的心理品质和特点，即感触敏锐，思维活跃，独立性强，自尊心强，处在独特形成阶段，平等意识、自我意识和民主意识较强。此时教育者采用正面的显性"灌输"对大学生进行系统教育，一般来说效果还是有的，倘若方法的使用不恰当，就会遭到大学生的反感，他们感觉到自己在被训教，显性教育的效果往往要大打折扣。而隐性教育讲究以情育人、以情动人、以情感人，是一种无讲台的教育，让大学生感觉不到在接受教育者的显性"灌输"，从而处在一种无意识的状态，受到环境无形的浸润和活动无形的熏陶。无形的教育能够达到入脑、入眼、入心和入耳的教育效果，在潜移默化中渗透到大学生的心灵深处。这种"旁敲侧击"循序渐进的隐性教育方式，能达到大学生"春风化雨，润物无声"的自我教育目的。

凝心聚力和兴国之魂的中国精神，它是中华民族上下团结一心的主心骨。高校应在显性教育教学中系统地宣传我国优秀的民族精神，大力弘扬中国精神，让"天下兴亡，匹夫有责"的爱国精神注入每一个大学生的心灵深处，引发他们强烈的自我认同。优化和培育大学生思想心理素质，使其日趋理性平和、稳健务实，倡导大学生把个人前途与国家命运紧密相连，实现个人理想与祖国需要相结合，把"个人梦"与"中国梦"有效融合。让大学生内心一致认同理性爱国才是真正爱国，多参加社会实践、多思考人生理想与价值和多读科学书本知识，用掌握到的科学知识和思想方法转化为实现中国梦的正能量。思想方法的培育应将显性与隐性紧密结合，不断创新教学方式方法和手段，例如，利用传统节日、历史事件教学，开设爱国专题讲座，带领大学生深入爱国主义教育基地现场教学，利用网络平台教学加强爱国思想的教育等。通过大学生喜闻乐见的活动形式，把科学的思想方法潜移默化地注入大学生的心灵深处，增强其归属感和认同感。

要想扎实推进马克思主义实事求是思想方法的不断革新，应把思想方法的培育工作广泛渗透到高校大学生生活的每一个角落，始终坚持"隐性渗透"的思路，把大学生思想方法的培育和其他各项工作任务相互渗透和融合。最早由美国杜威发展的隐性教育渗透方式在全世界广泛传播开来，欧美很多国家在近代以来，都是通过这种形式对国内民众甚至其他国家人民进行自由民主宣传的。

要想真正实现思想教育工作过程中大学生思想方法的科学培育，就应该把隐性教育与显性教育有机结合，通过潜移默化的方式将先进的思想意识渗透到大学生的大脑，用科学的思想方法武装他们的头脑。我们要把思想方法的培育与大学生的日常生活紧密结合。将高校的系统服务、科学管理、文体活动和主题活动等各个环节连接起来，形成隐性化的思想方法培育新载体。充分发挥马克思主义科学文化的情操陶冶功能，加强大学生的思想素质教育，充分利用网络新媒体丰富大学生文化生活方式，有意或者无意地给其灌输主流政治文化和我国的优秀传统思想，从而净化其心灵，坚定其信念；我们要不断强化高校大学生的奉献拼搏精神和爱国主义意识，廉洁自律意识以及团队协作精神；我们要为广大大学生树立良好的道德标杆，着力强调先锋、模范、榜样和优秀的典型示范作用；注重主流文学作品对大学生的积极影响，营造有利于大学生思想方法良好培育的新氛围；加大对大学生国歌和国旗教育，组织参加大型的爱国纪念活动和参观德育基地，营造更加有利于大学生思想方法的培育环境。加强环境的熏陶和感染作用，同时要广泛运用和吸收自然和社会科学知识，充分运用心理咨询辅导、自我教育和典型示范等多种手段，对大学生进行全方位多角度的思想方法培育。在思想方法培育过程当中努力做到以理服人、以知诱人、以行服人、以情感人，真正达到知、情、意、行的和谐统一，使之科学化、规范化和系统化，符合大学生的思想方法发展规律，为大学生思想方法的科学培育提供基础保障和智力支持。

第三节 环境优化："社会·学术·亲情"统筹

马克思曾说："人创造环境，同样，环境也创造人。"①《后汉书》中说，"与善人居，如入芝兰之室，久而不闻其香；与恶人居，如入鲍鱼之肆，久而不闻其臭"。人不可能脱离环境而生存，也不可能不受周围环境的丝毫影响，环境对思想方法形成的影响更是显而易见的。大学生不可能脱离社会环境而生存，作为社会关系网中的一员，同样受着经济、政治、社会、文化、生态等大环境的导向，同时也耳濡目染，受着周边各种小环境的熏陶与浸染。"善人"多一些，环境就如"芝兰之室"；"恶人"多一些，环境就如"鲍鱼之肆"。随着社会的各个领域都在不断更新与加速运转，思想精神文化方面也应进行相应的变化以适应新的环境。

环境是人才成长的必备条件，良好的教育环境有利于更好地成长成才。大学生思想方法的培育是一项社会系统工程，只有协同整合社会教育、家庭教育与学校教育的资源，相互补充和配合，才能发挥最大的作用，达到最好的效果。

---

① 《马克思恩格斯选集》（第1卷），人民出版社1995年版，第518页。

相反，各自为战或相互拆台，甚至踢皮球，把教育的责任全部往学校推，那么再好的学校环境，在不良社会环境和家庭环境的恶性作用下，效果很难形成。只有加强社会、家庭与学校的多方配合，实行三方联动的有效机制，形成"1+1+1>3"的整体效应，经常保持密切联系和互动，才能推进思想教育的良性循环，更好地促进大学生科学思想方法的牢固建立。加强和改进大学生思想方法的培育工作，是一项综合性非常强的系统工程，各个因素只有相互协调、相互配合，才能将效果发挥到极致。全员育人，只有将所有积极因素动员起来，将负面影响进一步降到最低，加强综合教育治理，多管齐下，形成一种有利于大学生思想健康发展的社会环境，才能茁壮成长起来①。动员一切可以调动的积极力量，全面整合各方面的有利资源，筑牢学校、家庭、社会三方共同参与的"三位一体"的立体培育网络，只有三者良性互动、密切配合，才能形成强大的培育合力，达到预期的效果。

一 政府牵头营造"允许失败 激励革新"的社会氛围

一个社会能否人才辈出，与社会氛围关系密切。"现在是一个开放的时代，突破了过去自然经济、计划经济条件下人际环境的小天地，结束了长期以来疏于交往的封闭状态。随着信息技术特别是信息网络技术的发展，社会信息化、网络化的特征越来越明显。"② 党和政府面对全球日益

---

① 江泽民：《关于教育问题的谈话》，《人民日报》2000年3月1日。
② 沈国权：《思想政治教育环境论》，复旦大学出版社2002年版，第19页。

复杂的国际形势，积极主动营造宽松的国内经济、政治、文化和生态环境，加大对企业和人才的创新创业支持力度，中央和地方自党的十七大以来就出台了一系列政策和措施，对改革创新失败给予包容，并加大对因创新创业失败的弱势群体的扶持，举办层次级别不同的创新创业大赛，上至中央，下及县级，鼓励留学生回国创业，教育部下发《关于大力推进高校学校创新创业教育和大学生自主创业工作的意见》，共青团中央指导全国各个省举办"挑战杯"创业大赛等多层次多级别形式多样创新创业活动，并选拔优秀创业典型参加国家级赛事，党和国家领导人都通过新闻媒体和网络媒介公开在各种场合鼓励革新允许失败，使全社会形成了允许失败，尊重差异的充满人性化和关爱氛围，也是我们全面建成小康社会实现中华民族伟大复兴"中国梦"的必经之路。

戴维·波普诺认为，"国家至多能提供'干净光亮的地方，……它们管理有序，没有腐败和暴力'。除此之外，友爱和同情等仍需要人们相互给予"。从国家层面来讲，越文明的国度，除了物质文明外，更多地体现在精神文明这个层次上，人与人之间的关爱和友善程度成为衡量国家幸福指数的标志之一。

当前全球化下的市场经济，日益激烈的竞争，优胜劣汰是市场经济的规则，这对推进社会生产力的发展无疑有积极意义，但对处于市场劣势的社会群体来讲，这是不公平的，也是不利于社会和谐稳定的。西方国家通过加大对失败者和弱势群体显性和隐性的扶持，采取相关措施鼓励革新，来提升整个社会的生活水平和幸福指数，他们的各种福利政策令我们吃惊。改革开放 30 多年来，我国政府不断加大改革创新力度，让更多的人分享改革开放的成果，对发展过程中的问题坦然面对，坚持在发展中解决问题，同时通过物质文明和精神文明两手抓，两手都要硬的原则，加大对市场经济的引导力度，确保社会主义市场经济不偏向，不脱离健康发展的轨道。

由于市场经济的运行具有一定的盲目性和自发性，而且优胜劣汰的竞争使经济与道义之间不能兼顾。这就需要政府和社会进行干预和调节，通过法治和德治的共同作用，积极营造和谐美好的社会氛围。

党的十八届三中全会提出，全面深化改革"必须坚持以人为本，尊重人民主体地位，发挥群众首创精神，紧紧依靠人民推动改革，促进人的全面发展"。在改革实践中坚持和落实这一原则，必然积极要求营造深度人本化的文化氛围，优化社会思想。科学发展观的本质要求是以人为本，提升广大人民群众的幸福指数，让发展成果更多更公平惠及全体人民。这样整个社会环境得以净化，强化了全社会的凝聚力和向心力，提升社会正能量，营造促进大学生思想方法培育的良好环境，遵循以人为本的服务导向，以贴近实际、贴近社区、贴近生活的"三贴近"作为大学生思想方法社会环境优化的基本原则。因此，大学生思想方法的培育优化是否实现，最终要看政府是否牵头从大学生的思想实际和生活状况出发，是否满足大学生的物质生活和精神生活的需要，是否形成促进人的全面发展的社会氛围。

二 高校精心培育"开放式教育"的学术氛围

学校的层次、校园文化的氛围,以及学校周围的社会环境与活动,是当代大学生在大学学习、生活、成长的重要物质载体,对大学生的思想产生着潜移默化的影响作用。高校校园文化氛围营造得如何,特别是高校是否具备优良的学风,学习氛围是否浓厚,学校是否具有高层次的学术交流和讲座,大学生能否在学校的教育和指导下组织高品位的校园课余文化活动,都会对大学生的思想产生重要的影响。而高校的地域不同和周边环境的差异,也会影响大学生的思想。例如,处于历史底蕴相对深厚和中心城市的高校,政治经济文化占有一定的优势,对学生的视野的开阔进取意识的养成,都具有较大的作用。位于地域相对偏远城市的高校,受到经济条件相对落后、市民自身的素质、生活习惯、生活方式等方面的限制,不利于大学生的思想受到良好的影响。同时,部分高校存在过多致力于学校硬件建设,而对大学生开展思想政治教育的力度相对薄弱,使得学校教育环境不能很好地对大学生思想进行正确的引导。

开放式教育最早起源于法国思想家卢梭的自然主义思想,20 世纪初在英国教育家尼尔等人的努力下将其演化成一种实际的教育行为,后来在美国盛行,现已在世界各地得到推广和传播。开放式教育是针对传统灌输式、封闭式教育模式而言的,它通过营造一种民主、开放、自由、平等、和谐互动的师生关系以及宽松的教育氛围,优化教育环境和资源,充分借鉴现代科技成果与社会的手段和力量,而打造的一种新的教育模式,它旨在使学生获得全面发展,提升学生学习效率，达到其成长成才的目标。①

"现在是一个开放的时代，突破了过去自然经济、计划经济条件下人际环境的小天地，结束了长期以来疏于交往的封闭状态。随着信息技术特别是信息网络技术的发展，社会信息化、网络化的特征越来越明显。"② 这就要求培育科学思想方法的过程中，教育者对传播思想信息要有价值的判断力以及特殊的感受力，多与不同意见的人交流，形成共同经验，有效消除隔阂，尽量避免因信息割裂带来的"信息茧房"，也需要教育者具有开放性的思维。

目前我国内陆高校对学生的教育管理属于"蔬菜大棚式"，既怕经风雨，又怕出问题。高校变成了事实上的"无限责任公司"，对学生的管理过细过死，高校名义上将权限下放到二级学院系（部），却每年强迫二级学院系（部）负责人签订学生意外伤亡、学生自杀零指标、学生就业率等"一票否决"的协议，对学生的学习、生活、工作诸方面干预太多，使高校真正的育人功能大打折扣，学生缺乏创新动力机制，这与教育和人才培养规律是不协调的，这种学术氛围不利于大学生思想方法的优化与培育。

党的十八大明确提出：推动高等教育内涵式发展，而开放式教育学术氛围的精心培育则是实现高校内涵式发展的重要途径。改革开放30多年来，我国高等教育虽然取得非常重大的成就，但与世界发达国家相比，仍存在着不小差距，

---

① 诸凤娟：《论高校思想政治教育中开放式模式的构建》，《绍兴文理学院学报》2007年第12期。

② 沈国权：《思想政治教育环境论》，复旦大学出版社2002年版，第19页。

突出的问题是没有处理好教育发展环境的变化关系，没能赶上世界大学开放式教育积极推进内涵式发展的节奏。要精心培育开放式学术氛围，就必须积极进行开放式教学的改革，推动第一课堂从封闭走向开放，新形势下教师的职责不再是简单地传递文化知识，而是如何激励学生更好地思考，是"一位顾问，一位交换意见的参加者，一位帮助发现矛盾论点而不是拿出现成真理的人"[①]。发挥全社会优秀教育资源的作用，加强教师之间的交流，打破原有自我封闭体系，让优秀教师既能引进来，也能走出去。积极健全和完善开放式教学培养方案，鼓励高校根据自身特色和优势开放式选择生源，改进学习成绩评价体系，以培养完美人格，弘扬大学精神，为经济社会发展服务宗旨的高校，应以综合素质为考核准则，培育大学生良好的素养和创新精神。突出实践教学、创新创业、科研开发等多位一体的综合型实践基地的建设和运用，让大学生充分感受到高校浓厚的"开放式教育"学术底蕴，自觉主动地提升思想层次，优化其自身思想方法的结构。

毛泽东曾经指出：学校一切工作都是为了转变学生的思想[②]。对于大学生来说，大学四年求学期间，基本都处在学校环境之中，在开放式教育的学术氛围下校园文化环境有利于大学生培育自我教育、自我管理和自我服务的综合能力，能够有效地促进大学生思想方法的优化培育，从而增强大学

---

① 联合国教科文组织国际教育委员会：《学会生存》，教育科学出版社1996年版，第108页。

② 张耀灿、郑永廷等：《现代思想政治教育学》，人民出版社2006年版，第204页。

生抵制封闭式、灌输式教育的自觉性和抵抗力。加强校园学术氛围，首先，要一以贯之地加强"四风"（校风、班风、教风、学风）建设，切实发挥知名教授和青年骨干教师、优秀学生干部的表率辐射作用；其次，占领思想舆论高地，用中国特色社会主义理论体系加强意识形态建设，以社会主义核心价值观为引导，形成良好的人文、自然与网络和谐互动的校园环境，坚持一元指导下的多元协调发展的学术氛围，使其全面渗透到大学生的学习和生活中去；充分挖掘学生会、社团等各类正式与非正式群体的正能量，助力大学生思想方法的发展。

"环境育人，润物无声。"高校要营造开放式的教育学术氛围，就应充分发挥隐性教育的作用，虚功实做，对莘莘学子的学习、生活和成长成才起着巨大而又无形的影响，在对大学生思想方法的培养方面起着不可替代、潜移默化的作用，作为思想前沿阵地的高校，其学术氛围是否浓厚，是衡量其对培养大学生思想方法的重要标杆。每个高校均有着自身独特的文化内涵，环境设计要充分重视其历史传统文化底蕴的挖掘，以此来打造强大的核心凝聚力和感染力，激起大学生高度强烈的社会情怀，彰显出全校师生共同的精神追求和传统价值观，展现高校海纳百川和贯通古今的本质和胸怀。高校学术氛围的精心培育需要多种元素的整合，我们要加大对大学生思想方法培育的力度和效度，坚持以中国特色社会主义理论体系为指导，以社会主义核心价值观统领高校学术氛围，采取形式多样的手法精心塑造校园环境的正能量，给学生以启迪教育，寓教于景。

三　家校联动形成"关爱·尊重·激励"的亲情氛围

情感是人对现实世界的一种特殊的反映形式，情感反映的不是客观事物本身，而是具有一定需要的主体和客体之间的关系。

情感教育是一个与认知教育相对应的教育概念。情感教育指的是把情感作为人的发展的重要领域之一，对其施以教育的力量，主要通过语言的劝导、形象的感染和行为的影响。因此，作为高校思想政治教育的重要组成部分的情感教育，是指在大学生思想政治教育中，教育者遵循一定的教育原则，有目的有计划地对受教育者在思想政治教育中的情感体验进行激发、培养和调控，培育大学生健康高尚的道德情感情操，使之养成良好的政治思想品质，促进大学生思想政治教育目标实现的活动。情感教育意在情感，重在语言，它们是构成情感教育的两个主要因素，有如灵魂和血肉赋予思想政治工作以生命。

高校思想政治教育中情感教育的功能分为以下三种。

1. 动力功能。动力功能是指情感对人的认识活动具有增力或减力的效能。积极的情感能引起人的兴奋、激动、愉快的情智体验，使人充满活力，积极投身于自己感兴趣的各种活动；消极的情感会使人感到痛苦、厌恶、烦躁、悲观、心神不定，无力从事正常的活动。而适当的情感教育则能使人克服消极情感，激发积极情感，从而使人的情感转化为人进行各种有益活动的强大动力。因此，在思想政治工作中，充分发挥情感的动力功能，对于调动学生的主观能动性，使他们精神愉快地自觉学习，并转化为积极的行动，会起着极其重要的作用。

2. 感染功能。感染功能是指教育者的情感通过表情、语言和动作等外在信号来传递情感内涵。人都是有感情的，而感情富有感染性。情感的这一功能可以使情感教育发挥出说服教育所不能发挥的作用，进而让个人的情感对他人情感具有施加影响的作用，即个人的情感能感应他人，使之具有类似的情感。在思想政治工作中，要想使学生在思想上被触动，必须首先使学生在情感上受感动。由于情感的强烈震动，常常能激起学生"爱之欲其生，恨之欲其死"的意志驱动力，促使学生自觉接受某种思想，并表现出导向实践的趋向。因此，情感的感染功能对大学生的人生观、价值观的形成具有重要的意义。

3. 调节功能。调节功能是指情感对个体的认知过程具有组织或抵触的效能。情感是人的需要与客观事物之间关系的反映，既是人与客观事物的中介，又是人与客观事物相互联系的产物。情感教育就是把受教育者的情绪尽力调节到一定的愉快状态，让他们对教育者及思想教育的内容产生积极的情绪倾向。在人们的共同生活和相互关系中，情感因素对个人有着极大的约束力。因为人们既需别人对自己的赞同性情感，也需要有人接受自己的情感表达。

情感教育作为完整教育的重要组成部分，是一种能够以自身特有的价值完善人性、弘扬个体主体性和挖掘生命意义的教育，是使学生不断建立与社会、他人，包括自身的适当关系，并从中获得情趣、形成积极的人生倾向的教育，从社会价值来看，也是促进大学生个体的社会化以及社会生产力的发展。

教育是一个"系统工程",学校、家庭要保持联系,密切合作,共同教育。还要动员社会上的各方面力量,实施对当代大学生的全面教育工作。家庭教育是一个连续的过程,大学阶段的家庭教育是以往各阶段家庭教育的延续,但又有其特殊性,其内容是配合学校、社会进行综合素质培养。这就要求家长要不断学习新的教育观念,了解大学生的心理特点,做好其心理压力的调节和疏导工作。

家长是促进孩子成长的第一任教师,家庭教育对人的成长具有极其重大的影响。当下的大学生多是独生子女,父母给他们提供了优越的物质生活条件却没有真正满足其心灵需求,包办了所有事务却忽视了培养其独立能力。因此,在家庭教育中,父母应加强与子女的沟通与交流,小时候是父子,长大是朋友。家长要学习一些科学管教孩子的方法,包括如何积极地倾听、如何设立合理的限制、如何对孩子施以奖励或惩罚等。大力推行挫折教育,提高其对失败的承受能力。

家庭是大学生重要的社会支持系统。马克思曾说过:"情感是一个精神饱满为自己目标而奋斗的人的本质力量。"潜移默化的家庭氛围熏陶是大学生思想方法形成的重要时期。如果大学生能够时时怀揣家庭亲情、生活热情、师生情谊,那么他的幸福指数是相当高的。思想方法的培育践行"以人为本"理念有多个层面和维度,比如,在感情上慰藉,在心理上疏导,在生活上照顾,在发展上帮助,在观念上引导,等等,但是,就"思想方法培育"之"培育"层面而言,要想面面俱到是比较困难的,思想方法培育之"培育"的重心是对"思想观念"层面进行积极引导,这种引导是从大学生个体的"思想观念问题"出发，家庭帮助其分析问题的症结所在，引导其正确地对待他人、社会和自己，正确地对待挫折、困难和荣誉，从而达到疏通症结、理清认识和畅快心情的诉求目的。

积极的情感能引起大学生激动、愉快、兴奋的思想情智体验，使他们充满活力，积极投身于自己感兴趣的各种实践活动；消极的情感会使大学生感到厌恶、痛苦、悲观、烦躁、心神不定，无力从事正常的实践活动。而适当营造良好的亲情氛围则能使大学生增强克服消极情感的能力，转而激发积极情感，从而使大学生思想方法的培育在情感转化过程中形成各种思想活动的强大动力。

如果说理是打开学生心灵的钥匙，那么关心体贴则是进行教育的感情基础。现实中我们常常会遇到这样的情况，同样是讲道理，可有的人讲，学生爱听，乐于接受；而有的人讲，学生就不爱听，不愿意接受，甚至反感。其中最重要的原因之一就是后者和学生没有建立深厚的感情，学生往往不信任他。那么怎样与学生建立深厚的感情呢？教学、管理工作者对学生在思想上予以教育、引导，在学习上予以辅导、帮助，在生活上予以指导、关心，从而就能逐步建立起朋友式的师生情感。这样我们在做学生工作时，无论你是批评也好，鼓励也好，提出希望也好，学生都能愉快、真心实意地接受。高校教师无论在思想政治、道德品质上，还是在学识学风方面，都应以身作则，率先垂范。以良好的师德师风为学生示范，以高尚的情感感化学生自律，引导他们构建自尊、自信、自主、自强的人格，确立自我设计、自我实现、自我超越的价值观，树立报效祖国、报效社会的宏伟志向，培养精诚敬业的精神。

在思想方法培育过程中,大学生对科学思想方法的信奉与认同不仅需要知性理解,也需要情感的推动与吸引。杜威说:"单有知识,而没有感情以鼓舞之,还是不行,所以又要感情,引起他的欲望,使他爱做,不得不如此做,对社会有一种同情和忠心。"① 由此看来,如果通过亲情架起一座桥梁,则科学的思想方法就会更好地为大学生所接受和认同。

马克思曾经说过:"情感是一个精神饱满为自己目标而奋斗的人的本质力量。"家庭和学校,都属于微观环境,其两者之间有一个共同的特点就是亲情氛围较为深厚,有利于大学生思想方法的精心培育。

唐朝诗人孟郊一首《游子吟》"慈母手中线,游子身上衣。临行密密缝,意恐迟迟归。谁言寸草心,报得三春晖",将中国人深厚的家庭情结淋漓尽致地展现在世人面前,至今都为中华儿女所传诵。家庭作为社会的细胞,是社会稳定的基石,家庭的长期影响、教育,从某种意义上说,将决定一个人的性格、品行②。其对人思想方法的形成有着基础性的作用。俗话说:"知子莫若父,知女莫如母。"而在当今全面建成小康社会的时代,我国家庭建设出现较大变化,很多家庭在面对物质需要亟待解决时,子女的全方位教育就显得苍白无力。父母外出打工,留下空巢老人和小孩,父母离异或

---

① [美]杜威:《杜威五大讲演》,胡适译,安徽教育出版社1999年版,第173页。
② 陈万柏、张耀灿:《思想政治教育学原理》,高等教育出版社2007年版,第105页。

重组，小孩无人管教，据不完全统计，我国有近6000万留守儿童，相当于整个英国的人口。家庭功能出现衰退，亲情无法正常释放，使留守儿童成长出现问题，长大之后心理生理都留下了深深的伤痕。大学生违法犯罪调查的数据表明，超70%的犯罪都是在家庭方面存在不同程度的问题。

恩格斯曾揭露过在资本主义制度下的工人阶级家庭教育缺乏的悲惨实况："忽视一切家庭义务，特别是忽视对孩子的义务，在英国工人中太平常了，而这主要是现代社会制度促成的。对于这种在伤风败俗的环境中——他们的父母往往就是这环境的一部分——像野草一样成长起来的孩子，还能希望他们的后代成为道德高尚的人？"[①] 我国是社会主义性质的国家，但是市场经济的负面影响也使得家庭亲情教育缺失。在一些家庭里，冷冰冰的经济利益关系逐渐取代原先脉脉温情的家庭伦理，父母与孩子之间的冷漠隔阂现象已司空见惯，也由此导致了很多家庭伦理悲剧事件。要形成相互宽容、平等交流、相互尊重、相互勉励的亲情氛围，家庭和学校伦理规范的构建将是一个技术性很强的工程，要在摒弃传统家校伦理糟粕的基础上，融进现代社会积极元素，创造出符合时代和社会发展要求的新型家校亲情氛围，为培育科学的大学生思想方法积极行动。

时代在变迁，社会在变化，然而家庭作为社会的基石，是维护国家和社会稳定的基础，我们要在新形势下更加重视家庭建设，注重家庭、家教和家风，培育和践行社会主义核心价值观，发扬中华民族的传统家庭美德，力促家庭和睦；

---

① 《马克思恩格斯全集》（第2卷），人民出版社1957年版，第416页。

使亲人相互关爱，精心呵护下一代健康成长成才，使老年人老有所养，使千千万万个家庭成为民族进步、社会和谐、国家发展的重要基点。①

高等学校是社会的重要组成部分，它与社会之间几乎没有时间和空间的距离，存在着千丝万缕的联系，社会风气的好坏直接影响着育人的质量，决定着学校学生思想政治教育的成败。培养社会主义四化建设人才是全党全社会的事业。不仅要有学校教育、家庭教育和社会教育密切配合，而且要把校内外各方面的力量都调动起来，发挥各方面的积极性，密切配合，步调一致，才能共同做好学生的思想政治教育工作。

高校作为培育人才的摇篮，肩负着为国家培养社会主义现代化建设的合格建设者和接班人的重担，人才不仅是专业知识的拥有者，更是综合能力的集聚者。如果只拥有专业知识，而缺乏对国家和人民的忠诚和热爱，缺乏对中华民族的感情，那么这种人才培育则是失败的。加强对大学生人格塑造，培养自觉践行社会主义核心价值观的合格公民，坚定跟党走，用马列主义毛泽东思想和中国特色社会主义理论体系武装大学生头脑的神圣使命。只有营造良好的育人环境，打造浓厚的亲情氛围，加强对大学生的亲情关怀力度，才能取得预期的效果，让他们爱家、爱校，尊敬师长，关爱同学，增强他们的民族认同感和爱国情怀。让大学生主动自觉投入我们的怀抱，拥护党和国家的路线、方针、政策，把"个人梦"与"国家梦"紧密结合，为实现中华民族伟大复兴而

---

① 习近平：《在春节团拜会上的讲话》，《人民日报》2015年2月17日。

奋斗！

  目前家庭和学校在信息交换与反馈方面没有建立良性的沟通互相机制，处于一种互不相关、繁茂芜杂、各自为政的落后状态。学校职能被无限放大，家长认为只要把孩子交到学校，所有的责任都由学校承担，家庭职责受到严重弱化，这与大学生思想方法的形成规律不相符合。人的正确思想的形成不仅受到学校教育的影响，而且还与家庭、社会等其他综合因素密切相关，同时处在不同成长阶段的大学生，学校、家庭、社会等的影响力度并不等同，因此，只有家校联动，共同强化亲情氛围，使大学生充分感受到家庭和学校的共同关爱，感受到家庭和学校的尊重激励，那么大学生思想方法的培育就会朝着积极健康科学的道路迈进。

  转型期高校和学校在对大学生情感教育的缺位，使我们必须加大对其情感的培育力度，加强家校的密切联系和在亲情培养方面的配合与协商，形成"1+1＞2"的亲情合力，将情感教育寓于家庭教育和学校教育之中，父母长辈的言传身教和教师同学的悉心帮助、关爱与尊重，再加上正确的激励导向，对子女的情感培育起着至关重要的作用。由于大学生处于"心理断乳期"这一特殊时期，其思想品质、心理素质都有待成熟，情感的管控力度不足。他们仍渴望得到家庭和学校的关爱、尊重和激励。家庭和学校在关注大学生学习生活的同时，更要关注情感世界的微妙变化。学校可建立与家庭的联系机制，定期召开家长会、创办网上家长学校、建立大学生情感教育档案等，加强对大学生亲情教育的指导，帮助他们把知识与情感放在同等重要的位置，加以引导和培育。

泰纳认为，民族特征是构成精神文化的一种永恒的内在的动力，环境则是构成精神文化的一种巨大的外力。中华五千年绚烂的历史文化中蕴藏着无穷的丰富内容，儒家思想历来所倡导的爱国、敬业、诚信、友善，胸怀天下、报国忘身的忠于祖国思想，安于职守、精益求精的敬业乐业思想；尊师重教、正风敦俗的以教兴国思想，谦逊戒盈、恭敬持身的谦恭礼让思想；志存高远、仁为己任的厚德载物思想；修身为本、经世致用的修齐治平思想都是我们今天用来对新时代的大学生进行情感教育的内容。

情感教育不能脱离"90后"大学生日常生活实际，尤其是要结合大学生恋爱观等日常教育进行。弗洛姆曾经将爱情表述为：成熟的爱是保持自己的尊严和个性条件下的结合，爱是人的一种主动能力，是一种突破使人与人分离的那些屏障的能力，一种把他和他人联合起来的能力。爱使人克服孤独和分离感，但爱承认人自身的价值，保持自身的尊严，在爱之中，产生了两个人成为一体而仍然保留着个人的尊严和个性的矛盾。通过大学生情感教育要使大学生明白，虽然幸福的定义不同，但真正的幸福不是建立在外在环境的优势之上，也不依赖于丰裕的物质等这些可以改变的东西。还要引导他们由小爱上升为对国家的大爱。

按照胡锦涛同志提出的"理想远大、信念坚定，品德高尚、意志顽强，视野开阔、知识丰富、开拓进取、艰苦创业"要求，在"一切为了学生　为了学生一切　为了一切学生"的宗旨下高校应竭尽全力转变过去那种培养应试教育下单一人才的教育观念，重视加强大学生情感教育，培养新一代青年学子自强奋进、敬畏生命、恪守道德的人文情怀，使他们成为有担当、有能力、有信心、有礼仪的新一代社会公民。

后现代主义思潮对高校思想道德教育指导思想、教育方法，以及自然观教育、思维方式培养等方面都有一定的启示。在教学中，必须坚持一元化指导思维，积极引导多元化的思想观念；培养大学生树立人与人、人与社会、人与自然和谐统一的理念，努力培养大学生的批判意识以及创造性思维。

近年来，后现代主义思想通过各种途径传播到大学生之中，深刻地影响着大学生的思维方式。后现代主义者对现实的怀疑与批判有一定道理，在教学中可以因势利导，培养大学生的批判意识和创造性思维。必须坚持指导思想一元化，对多元化的思想观念进行积极引导。

以良好的环境陶冶学生成才。大学肩负着培养思想政治素质和专业文化知识过硬的社会主义事业接班人的历史使命。要牢记江泽民同志提出的"每一个学校都要爱护和培养学生的好奇心、求知欲，帮助学生自主学习，独立思考，保护禀赋和潜能的开发创造一种宽松的环境"。要始终把德育放在学校工作的首位，制定切实可行的德育工作规划，富有创造性地开展丰富多彩的德育活动，使学生的个性得到弘扬，学生的特长得到显现，学生的潜能得到开发，培养自信，提升素质，丰富精神世界。加强校园文化建设，充分发挥校园文化潜移默化的教育作用，开展丰富多彩、健康活泼的校园文化活动，正确引导校园的舆论导向，营造良好的舆论环境，加大校园自然环境的治理力度，建立健全规章制度，加强纪律约束，杜绝歪风邪气。切实保证学生有一个安静、和谐、健康的学习环境，并加强与学生家长的联系，共同做好大学生的思想品德教育工作。

建立学校和家庭之间的教育联系网络，为学生营造一个良好的学习环境，是当前教育改革中一个不容忽视的问题。当孩子进入大学后，一些父母只注重孩子在专业学习、外语水平、计算机能力的培养，放松了对学生在思想教育修养方面的关注，而把思想教育工作全部推给了学校。其实这轻则忽视了学生的自我修养，重则会影响到孩子的未来成才。家庭教育无论在时间、教育内容、教育方式上都具有明显的优势。因此有必要与学生家长进行联系，使学生能够得到学校与家庭的共同教育和引导，把他们培养成品学兼优、兴趣广泛、意志坚强、情感丰富的新世纪人才。我们面对的是思想活跃，状态多样的新一代大学生。思想教育是对他们教育过程中最重要的一个环节，呼吁着新的教育思想和灵活的教育方法的涌现。我们要给学生创造一个良好的氛围，引导他们走向正确的人生道路，是老师的责任之一，我们要以学生成长为首位，立足长远。给学生们创造一个良好的人生开端。

结　语

本书在遵循"提出问题—分析问题—解决问题"的思路和原则框架下，对大学生思想方法的现状进行了广泛的调研，并对调研数据作了深入讨论分析，同时在调查走访座谈的基础上进行理论的学理审视，在对一系列客观调查数据分析的研究基础上，对大学生思想方法的外在表现形式和主要特征作了研究分析。围绕这些主要特征，不断拓展大学生思想方法的形成理路，内容本质的特点、活动形式的特点和运行过程的特点，积极培育大学生思想方法的方略研究，全面开辟大学生思想方法的提升途径，开发大学生思想方法的新载体，最后力求构建"内外联动，立体实施"的培育模式，建立健全大学生科学思想方法的培育提升机制，从而充分发挥马克思主义实事求是的科学思想方法的实效。

一　主要结论

研究当代大学生思想方法的现状及培育提升教育策略，是时代发展的需要，是应对西方价值观念和文化思潮冲击的需要，是高校实施预见性管理的需要，是高校思想政治教育工作者履行神圣职责的需要，是社会和谐稳定和发展的需要。

通过对中国国家图书馆数据库和中国知网 CNKI 的系统数据检索发现，国内外对大学生思想方法相关研究已取得一定成果，但还存在明显不足：一是其成果大多是从医学和心理学角度进行探讨研究，对内在品质特点和外在表现特点、行为习惯养成、思想认识根源等深层原因研究不够深入；二是对于大学生思想方法的主要特征和形成理路的研究仍然停留在一般的经验总结和调研报告上，需上升到一定哲学理论高度，从两者的关联性方面寻找解决的路径；三是对新时期大学生思想方法的新途径、新内容、新形式和新机制的研究还有待提升。

本书研究主要采用文献研究法、调查研究法、学科研究法等研究方法。本书的重点是大学生思想方法主要特征和形式理路的研究，还有大学生思想方法的科学培育新机制的构建，本书研究的难点是现状调查的客观性研究和大学生思想方法培育的新策略研究。

本书的研究依据包括社会现实依据、大学生思想方法存在形态的实际依据以及相关理论依据。新时期对大学生思想方法的培育寄予了新的要求，经济新常态、国际新格局的新形势为大学生思想方法提供了新的培育提升契机，社会变革孕育了大学生思想方法的新特征。因此，依据马克思主义关于人的本质学说和人的全面发展理论，人的思想品德形成与发展的规律和思想政治教育的方法理论，以及马克思主义唯物辩证法理论对大学生思想方法的研究。

大学生思想方法的外在表现特点，是强烈的民族情感与开放意识、鲜明的平等要求与快乐取向、感性的人生态度与目标设计、突出的个性色彩与表达欲望。大学生思想方法的品质特点，是国家认同与个人主义兼备、个体至上与集体关怀交织、理想追求与价值困惑并存、物质欲望与精神享受同在。

围绕大学生思想方法新特点，积极拓展大学生科学思想方法培育工作的新内容。着力增强大学生思想方法的正能量，包括加强马克思主义唯物辩证法的统领、加强中国特色社会主义理论的护航和加强民族复兴"中国梦"的引导。准确把握大学生思维发展的客观规律，包括把握其思想需求、把握静态的思想观念现状和把握其动态的思维走向；全面优化大学生思想方法的环境，包括政府牵头营造"允许失败激励革新"的社会氛围；高校精心培育"开放式教育"的学术氛围；家校联动形成"关爱·尊重·激励"的亲情氛围。以适应大学生思想方法的形成和发展新特点，大力拓展思想方法培育的新途径。以思想方法的正面导向为核心，坚持以"中国梦"引导大学生思想方法的发展方向，不断用党情国情民情世情提升其思想方法的客观性；以理论与实践并举为主渠道，实施课堂系统灌输与讨论互动融合，课外社会实践与学术研讨兼施；以虚拟与现实结合为着力点，实行网上与网下协调一致，梦想与实际融为一体和隐性与显性辩证统一，全面提升大学生思想方法的层次。

针对大学生思想方法的新特点，建立健全思想方法培育的新机制。既要建立健全社会与学校的和谐互动机制，也要建立健全家庭与学校的协同沟通机制，还要建立健全社会整体联动的培育机制，从而构建"内外联动，立体实施"的当代大学生思想方法提升的长效机制。

二 主要创新点

本书的主要创新点：

一是首次系统地探索了大学生思想方法的形成理路、主要特征和培育方略，崭新地提出了从马克思主义理论学科视角，思想品质对适应转化过程、思想心理矛盾与和谐的调整过程、辩证法则在思想与行为关系中的互动过程和否定法则在思政过程中的相互转化过程；从心理学视角，逆反与认同的判断过程；从社会学视角，是社会化方式的选择过程；从教育学视角，大学生与教育者互动过程的形成理路。与常人相比，大学生的思想方法在内容本质方面，其思想方法呈现出时代性、个性化和独特性等特点；在思想活动形式方面，大学生的思想方法呈现出多元、多样和多变等特点；在运行过程方面，呈现出主观与客观的磨合和悖逆与创新并存的特征。可以确立当代大学生思想方法的基本培育方略，即努力增强大学生思想方法的正面导向，着力增强大学生思想方法的正能量和准确把握大学生思维发展的客观规律的培育方略。

二是探索性地构建了"内外联动，立体实施"的大学生思想方法培育新机制，对大学生思想政治教育方法理论是一个新的拓展。传统思想政治教育方法理论没有专题讨论大学生思想方法及其培育问题，没有形成大学生思想方法的培育机制。本书针对这一缺失，提出了理论与实践并举的主渠道，虚拟与现实结合的着力点和"社会·学术·亲情"统筹的社会环境优化的培育新机制。

三是从大学生思想方法的研究角度来提升思想政治教育的效度，本身就是一种创新。

三　本书不足之处

大学生思想方法的培育和提升将是一个长期的过程，大学生思想方法的培育方略和提升途径也将在实践中得到不断的更新与发展。虽然本书已圆满完成了预期的研究计划，但由于水平所限，还存在许多不足之处，例如：虽采取了一些多学科的研究方法，但多学科佐证的力度仍有待进一步加强，限于项目的经费、规模与构成，仅在湖南省内抽选10所高校进行了实验研究，思想方法的升华和检验尚待继续深入研究。

附录　大学生思想方法调查问卷

您好！欢迎您参加大学生思想方法的问卷调查。本问卷中的问题并无对与错，所以您可以根据您最真实的想法和意见来填写，回答结果保密。您所提供的意见对此研究是非常宝贵的，没有您的帮助，我们将难以完成所预定的研究目标。对于您的支持，我们表示衷心的感谢！

1. 您的性别（　）

A. 男　　B. 女

2. 您的政治面貌（　）

A. 共青团员　　B. 中共党员　　C. 其他

3. 您对"山西执业药师资格考试近1/3名考生作弊被查处"的看法是（　）

A. 严重影响考试的公平性，严厉进行打击

B. 感觉小题大做，考试舞弊很普遍

C. 政府失职，应该加强监考力度

D. 考生运气不好，惩罚制度过于严格

E. 其他_____

4. 对学校开展"无手机课堂"活动，您的看法是（　）

A. 不支持该活动

B. 支持,能提高课堂效率

C. 执行难度大,应该任重道远

D. 学校的形式主义活动

5. 您对"防学生逃课实施拍照点名"的看法是(   )

A. 治标不治本,即便知道会被抓,但还会逃

B. 可以有效防止学生逃课、代课现象

C. 实属无奈之举

D. 小题大做,上不上课是学生的自由

6. 对"90后"女生和白血病男友共患难,被称为"最美情侣"的爱情故事,您认为大学生恋爱的态度应该是(   )

A. 不以结婚为目的的恋爱是耍流氓

B. 不求天长地久,只求曾经拥有

C. 不必太认真,更不要彼此约束

D. 爱情是至高无上,恋人好比太阳,悠悠万事,唯此为大

E. 如果合适就继续往下发展

F. 其他(自填内容)_____

7. 前不久,"中国好男人"文章,被爆出出轨,对此,您的看法是(   )

A. 天下没有不散的筵席,我认为是必然结果

B. 可以理解,文章只属于肉体上的出轨

C. 感到气愤,身为男人应该有责任感

D. 累觉不爱,不敢相信爱情了

8. 如果南海争端、钓鱼岛冲突演变为战争,您会(   )

A. 踊跃参军 B. 做幕后支援
C. 逃离战争地区 D. 从未想过

9. 您对香港"占中"运动的看法是（ ）

A. 严重破坏民主制度

B. 这是人民表达自己意愿的正常方式

C. 这是一次境内外势力联合组织的反中行为

D. 是一种表达民主的行为，但方法不可取

E. 对此事不了解

F. 其他_____

10. 对于"英格兰"与"苏格兰"的公投，您的看法是（ ）

A. 是他国人民表达"民主"的方式

B. 是国力衰竭的表现

C. 不应该存在，民主应该要有原则

D. 极可能是外国势力分裂行为

11. 您对国人在外旅游不文明行为的看法是（ ）

A. 行为不可取，这是破坏国人形象的行为

B. 属于个人行为，只是媒体的负面报道比较片面

C. 中西文化差异

D. 理应理解，因为我们拉动了国外经济的发展

12. "ISIS（活跃在伊拉克和叙利亚的极端恐怖组织）"的新闻占据媒体头条，您如何看待"ISIS"组织（ ）

A. 它与自己宣传一致，是宗教自由的"里程碑"

B. 最初认为它是宗教，但从他的所作所为来看，可能是邪教

C. 这是一个打着宗教幌子彻彻底底的极端组织

D. 并不了解新闻事件

13. 对于"老人摔倒该不该扶"的社会热点问题,您的看法或者做法是(　　)

A. 怕惹祸上身,不敢扶

B. 应该去扶,人心不能倒

C. 不应该多管闲事

D. 在扶之前先拍照,证明自己是做好事

E. 好心成坏事,被人诬陷事件屡屡发生

F. 其他_____

14. 对于校园周边及"路边摊"的食品安全问题,您认为应该如何解决(多选)(　　)

A. 政府应该加强企业规范生产

B. 倡导诚信经营

C. 没想过

D. 提倡行业自律

E. 增强消费者的维权意识

15. 对"房祖名、柯震东吸毒被抓,遭到全面封杀事件",您的看法是(　　)

A. 应该给他一个改过自新的机会

B. 作为公众人物给青年人造成了负面影响,理应封杀

C. 社会影响极其恶劣,处罚应该更加严厉

D. 他已经受到刑事处罚,不应该再全面封杀

E. 其他_____

16. 对"云南晋宁县征地流血冲突事件",您的看法是(　　)

A. 政府不作为,应通过加强法制根治暴力征地

B. 应该指责村民，村民不服从安排

C. 以此为戒，完善征地制度，杜绝发生流血冲突事件

D. 官员过于腐败

E. 不了解此事

F. 其他_____

17. 对于党的十八大以来一系列高官落马，您的看法是（ ）

A. 是法治不断完善的表现

B. 落马的只是少数

C. 是政治斗争的结果

D. 只怪少数落马的官员运气不好

18. 针对暑假系列女大学生失踪案，对此，您的看法是（多选）（ ）

A. 感到悲痛

B. 不怎么关心

C. 她们自我保护意识不强

D. 她们运气不好，遇到坏人了

E. 暴露出政府治安存在的问题

F. 高校的失职，应该加强安全教育

19. 您对十八届四中全会《决定》"国家工作人员正式就职时公开向宪法宣誓"的看法是（ ）

A. 能够在领导干部心里真正树立起对法的敬畏

B. 只是一种就职形式而已

C. 有利于深入推进依法行政，建设法治政府

D. 不能从根本上形成对国家工作人员权利的约束力

20. 您主要通过什么方式了解社会主义核心价值观（多

选)( )

　　A. 报纸、广播、电视、网络等新闻媒体

　　B. 书籍或杂志

　　C. 讲座、讨论会、学习班

　　D. 家庭教育

　　E. 学校思想政治理论课

　　F. 我不关心这方面的内容

　　G. 其他

21. 您认为下面哪些词语属于社会主义核心价值观的内容( )

　　A. 自私　B. 民主　C. 自立　D. 自利

　　E. 法治　F. 无私　G. 关爱　H. 和平

　　I. 诚信　J. 爱国　K. 利己　L. 博爱

　　最后，感谢您的参与，谢谢！

参考文献

1. 中共中央马克思恩格斯列宁斯大林著作编译局：《马克思恩格斯选集（第1—4卷）》，人民出版社1995年版。
2. 中共中央马克思恩格斯列宁斯大林著作编译局：《马克思恩格斯全集（第1—4卷）》，人民出版社1960—1980年版。
3. 《马克思恩格斯全集》（第3卷），人民出版社1960年版。
4. 《马克思恩格斯全集》（第42卷），人民出版社1979年版。
5. 《马克思恩格斯全集》（第4卷），人民出版社1958年版。
6. 《马克思恩格斯全集》（第1卷），人民出版社1995年版。
7. 《马克思恩格斯全集》（第6卷），人民出版社1961年版。
8. 《马克思恩格斯全集》（第21卷），人民出版社1965年版。
9. 《列宁选集》（第1卷），人民出版社1995年版。

10.《毛泽东选集》(第1卷),人民出版社1999年版。
11.《邓小平文选》(第1卷),人民出版社1994年版。
12.《邓小平文选》(第2卷),人民出版社1994年版。
13.《邓小平文选》(第1—3卷),人民出版社1993—1994年版。
14.《江泽民文选》(第1卷),人民出版社2006年版。
15. 张耀灿、陈万柏:《思想政治教育原理》,高等教育出版社2005年版。
16. 张耀灿等:《现代思想政治教育学》,人民出版社2007年版。
17. 刘新庚:《现代思想政治教育方法论》(第二版),人民出版社2014年版。
18. 王玄武:《思想政治教育方法论》,高等教育出版社1985年版。
19. 陈秉公:《21世纪思想政治教育工作创新理论体系》,吉林教育出版社2000年版。
20. 黄蓉生:《当代思想政治教育方法论研究》,西南师范大学出版社2004年版。
21. 教育部社会科学研究与思想政治工作司:《思想政治教育方法论》,高等教育出版社2008年版。
22. 王瑞荪:《比较思想政治教育学》,高等教育出版社2001年版。
23. 苏振芳:《当代国外思想政治教育比较》,社会科学文献出版社2009年版。
24. 张耀灿、曹清燕:《思想政治教育目的研究——基于马克思主义人学视角》,中国社会科学出版社2011年版。

25. 郑永廷:《思想政治教育方法论(修订版)》,高等教育出版社 2010 年版。
26. 张琼、马尽举:《道德接受论》,中国社会科学出版社 1995 年版。
27. 刘新庚:《现代思想政治教育方法论》,人民出版社 2008 年版。
28. 徐建军:《大学生网络思想政治教育理论与方法》,人民出版社 2010 年版。
29. 《学习习近平总书记 8·19 重要讲话》,人民出版社 2013 年版。
30. 《中共中央关于全面深化改革若干重大问题的决定》,人民出版社 2013 年版。
31. 胡锦涛:《坚定不移沿着中国特色社会主义道路前进 为全面建成小康社会而奋斗:在中国共产党第十八次全国代表大会上的报告》,人民出版社 2012 年版。